100일 동안 깊어지는
가톨릭 신앙생활 챌린지 북

100일 동안 깊어지는 가톨릭 신앙생활 챌린지 북

2025년 9월 5일 교회 인가
2025년 10월 31일 초판 1쇄 펴냄

지은이 · 가톨릭출판사 편집부
펴낸이 · 정순택
펴낸곳 · 가톨릭출판사
편집 겸 인쇄인 · 김대영
편집 · 박도연, 박다솜, 김지영, 김지현, 허유정
디자인 · 이경숙, 강해인, 정호진, 우지수
마케팅 · 임찬양, 안효진, 황희진, 노가영, 이영실

본사 · 서울특별시 중구 중림로 27
등록 · 1958. 1. 16. 제2-314호
전자우편 · edit@catholicbook.kr
전화 · 1544-1886(대표 번호)
지로번호 · 3000997

ISBN 978-89-321-1976-2 03230

값 24,000원

성경 ⓒ 한국천주교중앙협의회, 2025.

이 책은 저작권법에 의해 한국 내에서 보호를 받는 저작물이므로 무단 전재와 무단 복제를 금합니다.

가톨릭의 모든 도서와 성물, 디지털 콘텐츠를 '가톨릭북플러스'에서 만날 수 있습니다.
http:www.catholicbookplus.kr | (02)6365-1888(구입 문의)

100일 동안 깊어지는 가톨릭 신앙생활 챌린지 북

가톨릭출판사 편집부 엮음

하느님을 발견하다

하느님과 함께하다

영혼을 정화하다

사랑을 실천하다

가톨릭출판사

시작하기 전에

《100일 동안 깊어지는 가톨릭 신앙생활 챌린지 북》은 바쁜 일상에서도 하느님을 알고, 그분께 한 걸음 더 가까이 나아가고자 하는 이들을 위한 신앙 여정의 길잡이입니다. 특히 세례를 받은 지 오래되지 않은 분, 교리를 배우고 있는 예비 신자, 조용한 묵상과 기도를 통해 신앙을 깊이 새기고자 하는 분들에게 도움이 되기를 바랍니다.

이 책에는 성경 · 전례 · 교리 · 역사 · 인물 · 문학 · 기도 · 영성 · 인문 등 다양한 주제의 글이 담겨 있습니다. 가톨릭출판사에서 출간한 100권의 도서에서 선별한 200개의 글은 다양한 관점으로 신앙을 조명하며, 신앙생활을 충실히 해 나가는 데 필요한 지혜와 영감을 제공합니다.

또한 100일의 여정을 단계적으로 따라가며 신앙을 다질 수 있도록 4개의 장으로 구성하였습니다.
　1장 하느님을 발견하다에서는 하느님을 인식하고 그분과의 관계를 깊이 이해하는 시간,
　2장 하느님과 함께하다에서는 신앙을 구체적으로 삶에서 실천하는 방법을 익히는 시간,
　3장 영혼을 정화하다에서는 내면을 비우고 하느님께 나아가는 시간,

4장 사랑을 실천하다에서는 하느님의 사랑을 삶에서 전하는 법을 알아가는 시간이 될 것입니다.

각 글마다 노트가 마련되어 있어 글을 읽고 떠오른 생각과 느낌을 자유롭게 정리하고, 필사할 수 있습니다. 하루 두 장씩 읽고 쓰는 작은 시간이 쌓이다 보면 어느새 기록은 믿음의 습관으로 자리 잡게 될 것입니다. 만약 하루 분량이 많게 느껴진다면, 오늘 할 수 있는 만큼만 읽고 쓰며 당신의 리듬대로 천천히 이어 가 보세요. 중요한 것은 멈추지 않고 계속 나아가는 마음입니다.

100일 동안 걸어갈 이 길 위에서 이 책이 당신의 작은 등불이 되기를 바랍니다. 하루하루 충실히 읽고 쓰는 시간 속에서 신앙이 당신의 삶에 더욱 깊이 뿌리내리기를 기도합니다.

《100일 동안 깊어지는 가톨릭 신앙생활 챌린지 북》,
이렇게 써 보세요!

노트 살펴보기 ▼

- 매일 아침저녁에 한 장씩 읽을 수 있도록 알차게 꾸렸습니다. 이른 아침에 먼저 한 장을 읽고 필사하며 하루를 차분히 시작해 보세요.

001

영원한 동행

우리는 우리가 하느님을 더 많이 '발견하게' 되리라는 것을 느낄 수 있습니다. 그리고 비록 출구가 없어 보이는 상황이 닥친다 해도 우리에게는 언제나 미래가 열려 있습니다.
다르게 말하자면, 우리는 언제나 하느님이 우리를 창조하셨을 때 상상하

- 하루를 마무리하며 또 한 장을 펼쳐 보세요. 조용히 손으로 써 내려가는 시간 속에서 글에 담긴 의미를 내 안에 새길 수 있습니다.

001

우리 안의 빛

긴장을 풀고 몸을 펴 봅니다. 내 안의 숨을 느끼다 보면 마음이 조금씩 편안해집니다. 모든 생각을 내려 두고 그저 가만히 머물러 봅니다. 생명을 지탱하는 심장 박동을 느끼며 다가오는 모든 느낌을 허락합니다. 지금 이대로 나는 소중한 존재이며 하느님의 모상입니다. 하느님의 빛이 나를 비춥니다.

- 글을 읽고 난 뒤 그날의 성찰을 이어 갈 수 있도록 짤막한 묵상 문구를 마련했습니다. 천천히 되새기며 고요 속에 머물러 보세요.

끊임없이 자신을 성찰하는 마음은 하느님을 더 많이 발견하게 합니다.
하느님께서 상상하셨던 나는 어떤 모습일까요?

되돌아보기 작성 예시

- 25일마다 만나는 다섯 가지 질문을 통해 나의 실천과 다짐을 돌아보세요.
- 1번, 5번 질문은 매 장마다 공통적으로 만날 수 있는 질문입니다. 나의 생각과 인식이 어떻게 변화하는지 짚어 볼 수 있도록 마련했습니다.
- 2번, 3번, 4번 질문은 매 장마다 달라집니다. 각 장의 주제를 되새기고 깊이 이해할 수 있도록 묵상을 이끕니다.
- 옆 장에 마련된 공간에 자유로운 글도 남겨 보세요. 새로운 다짐, 나에게 보내는 편지, 하느님께 드리는 기도도 좋습니다.

되돌아보기

1. 내 생각에 변화를 일으킨 책과 가장 인상 깊었던 문장은 무엇인가요?
   자카리아스 하이에스, 《뻥이 된다》 - 흑구가 없어 보이는 상황이 닥친다 해도 우리에게는 언제나 미래가 열려 있습니다. 실면이 이 진리를 잊은 한다. 싶이 우리를 어디로 데려갈지 잘 수 없지만, 언제나 반드시 길이 이어진다는 걸 믿어야겠다.

2. 내 삶에서 하느님의 손길을 느낀 순간은 언제였나요?
   지난 주말, 산책길에서 들어오 시원한 바람과 나뭇잎 사이로 비치는 햇살을 받으며 걸었다. 그 순간 하느님께서 내 어깨에 손을 얹고, 괜찮다고 말씀하시는 것 같아 마음이 편안해졌다. 하느님께서 내비치는 손길을 더 잘 알아차리기 위해 고요한 시간을 자주 가져야겠다.

3. 하느님께서 내게 베풀고자 하시는 은총은 무엇인가요?
   하느님께서 내 삶의 아주 가까운 자리에서 함께 걸으시며 내게 평안과 용기를 주고 계신다. 그 흐름 속에서 나는 앞으로 나아갈 길을 얻고 있다. 하느님께서는 늘 내게 베풂어 주시기만 하신다. 그 뜻을 돌아보기 위해 더 열심히 기도해야지.

4. 하느님의 뜻을 더 깊이 알기 위해 앞으로 어떤 노력을 하고 싶나요?
   하루를 시작하고 마칠 때 짧이 15분 이상 성서 기도와 묵상으로 내 마음을 주님께 열어 보이고 싶다. 그렇게 내 삶 속에서 이루어지는 하느님의 뜻을 더 깊이 깨닫고 싶다.

5. 이 장을 마치며 얻은 깨달음과 변화를 정리해 보세요.
   예전에는 단순히 읽히고 한다고만 생각했다면, 요즘에는 그 믿음을 어떻게 실천해야 하는지 고민하고 있다. 더 자주 고민하는 스스로를 발견할 때 신앙이 깊어져 감을 느낀다.

차례

1장 하느님을 발견하다

- 001 《별이 빛난다》 16
- 002 《성녀의 작은 길》 20
- 003 《침묵 그리고 은총의 빛》 24
- 004 《알수록 재미있는 그리스도교 이야기》 28
- 005 《알렉산드리아의 사자》 32
- 006 《사랑, 신과의 만남》 36
- 007 《발타사르, 예수를 읽다》 40
- 008 《프랑수아 모리아크의 예수》 44
- 009 《예수의 최후 기도》 48
- 010 《혼자서 마음을 치유하는 법》 52
- 011 《나의 예수》 56
- 012 《미사에 초대합니다》 60
- 013 《기적》 64
- 014 《세계의 심장》 68
- 015 《로마노 과르디니의 주님의 기도》 72
- 016 《그리스도의 탄생》 76

017　《신학, 하느님과 이성》　80
018　《내 마음의 주치의》　84
019　《성녀 소화 데레사 자서전》　88
020　《상실과 희망의 메시지》　92
021　《안셀름 그륀의 종교란 무엇인가》　96
022　《아우구스티누스에게 삶의 길을 묻다》　100
023　《프란치스코 교황과 함께 준비하는 고해성사》　104
024　《성체 조배》　108
025　《단테의 신곡 (상)》　112

2장　하느님과 함께하다

026　《모든 일에는 때가 있다》　120
027　《겨자씨 자라나서 큰 나무 되듯이》　124
028　《살아 있는 기도》　128
029　《하느님의 현존 연습》　132
030　《역설들》　136

031 《오상의 비오 신부》 140
032 《성모님께 바치는 찬가들》 144
033 《성령의 약속, 마르티니의 영신 수련》 148
034 《천주교와 개신교》 152
035 《교부들의 신앙》 156
036 《우리는 혼자가 아닙니다》 160
037 《삼위일체론》 164
038 《참신앙의 진리》 168
039 《전례에 초대합니다》 172
040 《영성, 하느님을 바라보다》 176
041 《기도의 체험》 180
042 《마음을 열고 가슴을 열고》 184
043 《교황 레오 14세》 188
044 《파티마》 192
045 《무엇 하는 사람들인가》 196
046 《이름 없는 순례자》 200
047 《결정이 두려운 나에게》 204
048 《준주성범》 208
049 《사람에게 비는 하느님》 212
050 《낮·밤》 216

3장 영혼을 정화하다

- 051 《신심 생활 입문》 224
- 052 《새 명상의 씨》 228
- 053 《악마는 존재한다》 232
- 054 《구마 사제》 236
- 055 《안셀름 그륀의 의심 포용하기》 240
- 056 《잠언과 영적 권고》 244
- 057 《희망이 없어도 희망하며》 248
- 058 《철학자, 믿음의 여인을 묵상하다》 252
- 059 《위안이 된다는 것》 256
- 060 《길에서 길을 찾다》 260
- 061 《깊은 곳의 빛》 264
- 062 《믿음 안에 굳건히 머무르십시오》 268
- 063 《열매와 은사》 272
- 064 《네 번째 잔의 비밀》 276
- 065 《로버트 윅스의 영적 성장》 280
- 066 《침묵의 대화》 284
- 067 《주님과 함께하는 10일의 밤》 288
- 068 《안셀름 그륀의 기적》 292
- 069 《하느님도 쉬셨습니다》 296
- 070 《위로》 300

071 《남겨진 단 하나, 사랑》 304
072 《함께 기도하는 밤》 308
073 《침략할 수 없는 성채》 312
074 《하느님과 다가올 세계》 316
075 《단테의 신곡 (하)》 320

4장 사랑을 실천하다

076 《희망》 328
077 《구약의 역사 설화》 332
078 《가시를 빼내시는 성모님》 336
079 《종군 신부 카폰》 340
080 《나의 믿음》 344
081 《우리 시대의 일곱 교황》 348
082 《조선 순교자록》 352
083 《기도의 세계》 356
084 《사랑의 계시》 360
085 《가시 속의 장미》 364
086 《예수의 생애》 368
087 《프란치스코 교황이 초대하는 이달의 묵상 : 기도》 372
088 《마음 in 말》 376

089 《찬란한 존재들》 380
090 《진리의 목소리》 384
091 《마리아의 비밀》 388
092 《오리게네스에게 영성을 묻다》 392
093 《딱! 알맞게 살아가는 법》 396
094 《당신을 만나 봤으면 합니다》 400
095 《연옥 실화》 404
096 《사랑에 취하여라》 408
097 《토마스 아퀴나스의 가톨릭 교리서》 412
098 《프란치스코 교황과 함께하는 희망의 기도》 416
099 《기쁨, 영혼의 빛》 420
100 《시편과 아가》 424

1장

하느님을 발견하다

주님의 뜻을 따르기 위해 바치는 기도

선하신 주님, 가르쳐 주소서.
주님을 마땅히 섬기고,
대가를 따지지 않고 베풀며,
갈등이 있더라도 마음에 상처를 잊게 하시고,
수고로움에도 휴식을 찾지 않으며,
일하고도 보상을 바라지 않도록 하소서.
오직 저희가
주님의 뜻을 따르는 삶을 알게 하소서.
아멘.

— '로욜라의 이냐시오 성인의 기도'

001

영원한 동행

　우리는 우리가 하느님을 더 많이 '발견하게' 되리라는 것을 느낄 수 있습니다. 그리고 비록 출구가 없어 보이는 상황이 닥친다 해도 우리에게는 언제나 미래가 열려 있습니다.

　다르게 말하자면, 우리는 언제나 하느님이 우리를 창조하셨을 때 상상하셨던 모습을 우리 안에서 더 많이 발견하고자 해야 한다는 것입니다. 여기서 중요한 것은, 언제나 다시금 자신 안을 들여다보고 질문을 던지는 것입니다.

　나는 지금 세상에 있는 그대로의 존재인가?
　나는 거울을 바라볼 수 있는가?
　다른 사람의 시선을 감당할 수 있는가?
　나는 나 자신과 홀로 있을 수 있는가?
　나는 내 눈을 통해 바라보시는 하느님을 바라보는가?
　결국 우리가 그분과 함께하고 그분이 우리와 함께하는 것에 끝이 없기에, 우리는 '하느님을 언제나 더 많이 찾고' 발견할 수 있습니다.

《별이 빛난다》
자카리아스 하이에스 지음, 최대환 옮김

끊임없이 자신을 성찰하는 마음은 하느님을 더 많이 발견하게 합니다.
하느님께서 창조 때 상상하셨던 나는 어떤 모습일까요?

년   월   일

001 우리 안의 빛

 긴장을 풀고 몸을 펴 봅니다. 내 안의 숨을 느끼다 보면 마음이 조금씩 편안해집니다. 모든 생각을 내려 두고 그저 가만히 머물러 봅니다.

 생명을 지탱하는 심장 박동을 느끼며 다가오는 모든 느낌을 허락합니다. 지금 이대로 나는 소중한 존재이며 하느님의 모상입니다. 하느님의 빛이 나를 비춥니다.

 이제, 별 하나를 떠올려 봅니다. 그것은 내 인생의 별이며 나를 비추고 나를 앞서가며 길을 가리킵니다. 별의 빛과 그 빛의 선명함을 느껴 봅니다. 빛은 찰나의 순간에 나를 비추고 이내 안녕을 고합니다.

 내 안에 있는 빛의 여운을 느껴 봅니다. 일상 안에서도 그 여운을 간직하려 합니다. 빛은 여전히 내 안에서 선명하고 밝게 빛나고 있습니다.

《별이 빛난다》
자카리아스 하이에스 지음, 최대환 옮김

하느님께서는 언제나 우리를 밝게 비춰 주십니다.
그 빛을 간직하기 위해 나는 어떤 노력을 할 수 있을까요?

　　　　　　　　　　　　　　　　　　　년　　　월　　　일

자비와 사랑

하느님께서는 제게 당신의 무한한 자비를 선물해 주셨고, 저는 이 형언할 수 없는 거울로 그분의 다른 면도 뵈올 수 있습니다. 그곳에서 발견할 수 있는 그분의 모든 것은 사랑으로 빛나 보였습니다. 그분의 정의 역시 다른 어떤 것보다도 더 사랑을 두른 것 같았습니다. 하느님께서 정의로우시다는 사실을 생각하는 것은 얼마나 기쁜 일인지요!

그분께서는 우리의 연약함을 헤아리시고, 우리의 본성이 지닌 부족함을 완벽히 아십니다. 그러니 제가 진정 무엇을 두려워할 필요가 있겠습니까? 무한한 정의이신 하느님께서 방탕한 아들의 죄를 그토록 사랑으로 용서하셨다면, '항상 그분과 함께 있는' 제게는 얼마나 더 그러하시겠습니까?

《성녀의 작은 길》
성녀 소화 데레사 지음, 이인섭 옮김

하느님께서는 두려움이 아닌 사랑과 자비로 우리를 헤아리십니다.
그분께서 내가 가진 어떤 연약함을 헤아려 주시기를 바라나요?

년   월   일

002

사랑의 만화경

어렸을 때, 저는 만화경에 감탄하곤 했습니다. 이 장난감이 어떻게 이토록 매력적인 현상을 일으킬 수 있을지 궁금했습니다. 오랫동안 탐구한 끝에, 저는 이 놀라운 광경이 그저 만화경 안에 있는 몇몇 종이 조각과 천 조각으로 생긴 것임을 깨달았습니다. 더욱 자세히 살펴보다가 만화경의 원통 안에 세 개의 거울이 있다는 사실도 발견했습니다. 이렇게 저는 궁금증을 해결할 수 있었습니다. 이와 더불어 하나의 큰 진리를 깨달았습니다.

비록 우리의 행위가 매우 사소해 보일지라도 사랑의 만화경 안에 들어가 있다면, 세 거울로 비유할 수 있는 삼위일체 하느님께서 그것들을 더없이 찬란하고 아름답게 만들어 주실 수 있다는 사실입니다. 이 만화경의 렌즈는 바로 예수 그리스도이십니다. 그분께서는 당신 자신을 통해 이 만화경 안을 들여다보시면서, 우리의 미소한 덕행의 완전성을 발견하십니다.

《성녀의 작은 길》
성녀 소화 데레사 지음, 이인섭 옮김

작고 평범한 행위도 하느님의 사랑 안에서 찬란하게 빛납니다.
하느님께서 내가 어떤 행위를 할 때 기뻐하실까요?

년   월   일

그분을 닮는 길

하느님은 사랑이십니다. 언제든지 자유롭게 당신을 내어 주는 넘치는 사랑이십니다. 다시 말해, 병든 이를 치유하고 죽은 이를 깨워 살아나게 하는 사랑이십니다. 고통받는 사람들과 함께 울고, 행복한 사람들과 함께 기뻐하는 사랑이십니다. 모든 피조물을 아버지께서 의도하신 대로 되도록 부르시는 사랑이십니다. 한마디로 하느님 마음의 사랑이십니다.

사랑 안에서 하나가 된다는 것은 다음과 같은 의미를 지닙니다. 즉 사랑하는 분을 영적으로 받아들이고, 그분을 사랑하는 사람을 그분의 모습으로 변화시키는 것입니다. 그 결실로 존재 간의 친교가 분명히 드러납니다.

사랑이 가득하신 하느님께 우리 자신을 내맡기기 위해서는 하느님을 사랑하는 분으로 알아 가는 방법을 배워야 합니다. 그렇게 해야만 그분께서 우리에게 당신 자신을 드러내실 수 있습니다.

《침묵 그리고 은총의 빛》
에디트 슈타인 지음, 뱅상 오캉트 엮음, 이연행 옮김

사랑이신 하느님께서는 우리를 위해 당신 자신을 아낌없이 내어 주십니다.
누군가를 사랑하여 기꺼이 나를 내어 준 경험이 있나요?

년   월   일

003 주님을 찾아서

　언제 어디서 고요함을 찾을 수 있는지 알기 위해서는 자기 자신이 어떤 사람인지 깨달아야 합니다. 가장 좋은 방법은 잠깐이라도 감실 앞에 앉아 모든 근심 걱정을 성체 안에 계시는 주님께 펼쳐 보이는 것입니다.

　만약 그렇게 할 수 없는 상황이거나 심신의 안정이 절대적으로 필요한 경우라면 방에서 조용히 휴식을 취하는 것이 좋습니다. 그리고 외부에서 고요함을 느낄 수 없을 때, 어디론가 피신할 공간이 없을 때, 또 어쩔 수 없이 긴급하게 처리해야 하는 일 때문에 단 몇 분도 침묵할 수 없을 때에는, 잠깐이라도 자기 자신 안으로 들어가 주님 곁으로 피해야 합니다. 주님께서는 늘 그곳에 계시며, 눈 깜짝할 사이에 우리에게 필요한 것을 주실 수 있기 때문입니다.

《침묵 그리고 은총의 빛》
에디트 슈타인 지음, 뱅상 오캉트 엮음, 이연행 옮김

주님은 언제나 내 안에 계시기에, 언제든 그분께 피신할 수 있습니다.
나는 주님을 뵙고 싶을 때 어디를 찾아가나요?

년   월   일

태양의 비유

    아우구스티누스는 많은 비유를 통해 삼위일체를 설명해 주려고 노력했습니다. 삼위일체를 인간의 머리로 온전히 다 이해할 수 있다고 생각하지는 않았지만, 사람들이 최대한 이해할 수 있도록 설명해 주는 것은 중요하다고 생각했습니다.

    아우구스티누스가 자주 사용했던 비유 하나를 소개하겠습니다. 태양이 있고, 태양에서부터 나오는 빛이 있습니다. 뜨거운 여름에는 사람들이 모두 그늘로 숨어 버리지만, 추운 겨울에는 양지에 나와서 햇볕을 쬡니다. 여기서 태양, 햇빛, 햇볕은 하나인가요, 아니면 여럿인가요?

    우리는 모두 답을 알고 있습니다. 우리는 이것들이 하나로 일치되어 있음을 알면서도, 태양 자체와 태양으로부터 나오는 빛과 사람들이 쬐는 햇볕을 구별할 수 있습니다. 하나의 일치를 이루면서도 서로 구별될 수 있는 것, 이것이 삼위일체의 중요한 가르침 중 하나입니다.

《알수록 재미있는 그리스도교 이야기》
박승찬 지음

태양과 햇빛, 햇볕처럼 하느님께서도 하나이자 구별되는 삼위로 존재하십니다.
삼위일체이신 하느님의 존재를 다시 한번 되새겨 봅시다.

년   월   일

004 모두의 행복

　당시의 유대인 사회는 남성우월주의가 극도로 심해서 여성을 마치 재산처럼 생각했습니다. 이런 사회에서 모든 이가 아무런 차별도 없이 예수 그리스도 안에서 하나가 되는, 즉 모두가 하느님의 사랑받는 이라는 것은 충격적이었겠지요. 아마도 이러한 선포는 억압받고 자유롭지 못한 사람들, 핍박받는 사람들에게 기쁜 소식, 즉 복음(에반겔리움)의 의미로 가슴 깊이 뜨겁게 와닿았을 것입니다.

　물론 예수님은 "부자가 하느님 나라에 들어가는 것보다 낙타가 바늘구멍으로 빠져나가는 것이 더 쉽다."(마태 19,24)라며 부자에 대해 언급하기도 하지만, 이는 부자를 구원으로부터 배제하기 위한 것이 아니었습니다.

　예수님은 소수의 사람들만 행복해지고 구원을 얻는 사회가 아니라, 가난하고 힘든 삶을 사는 사람들까지 모두 행복해지는 사회를 원하셨습니다. 그리하여 진정한 의미에서 행복한 사회를 선포하셨기에 당시 억압받던 사람들의 호응에 힘입어 그리스도교는 널리 퍼지게 됩니다.

《알수록 재미있는 그리스도교 이야기》
박승찬 지음

하느님의 사랑은 모든 장벽을 넘어 모든 사람에게 가닿습니다.
나의 사랑을 어떤 방법으로 다른 이와 나눌 수 있을까요?

년   월   일

모두가 만나는 곳

    나는 예수님이 성스러운 도시 예루살렘에 여러 번 다녀가시긴 했지만, 그분의 생애는 자신의 운명이 결정지어질 그 도시를 향해 올라가는 하나의 여정이었음을 깨달았다. 그분과 더불어 모든 사람, 즉 그분을 인정하기를 거부한 유다인이나 그분을 죽게 만든 할례받지 않은 사람들이 모두 예루살렘으로 향해 간다. 이렇게 예수님은 그들을 가르는 장벽을 파괴하고 단 하나의 백성을 만들려고 하셨다.

    그것을 위해 예수님은 바로 그곳에서 자신을 십자가에 맡기셨다. 예루살렘에서는 인간의 마음이 굳어지는 신비와 인간이 화해하는 신비를 결코 분리할 수 없을 것이다.

《알렉산드리아의 사자》
장필리프 파브르 지음, 이정은 옮김

예수님의 삶은 모든 인간을 하나로 화해시키기 위한 십자가의 길이었습니다.
그분의 삶을 떠올리며 내 마음의 문을 활짝 열어 봅시다.

년   월   일

십자가 질 준비

실바누스가 베드로에게 물었다.

"예수님께서는 어째서 그토록 오래 기다렸다가 사도들에게 '그러면 너희는 나를 누구라고 하느냐?'라고 물으셨나요?"

"우리가 그 이전에는 그 질문에 대답할 수 없었기 때문이지."

"그분이 그리스도이시라고 대답한 다음에 무엇이 달라졌나요?"

"모든 것이 달라졌지! 스승님께서는 자신이 당할 운명인 고난과 죽음에 대해 처음으로 말씀하셨어."

"그런데 그 말을 제대로 알아듣지 못했죠. 예수님께 격하게 반박하셨다고 말했잖아요. 그때 예수님께서는 어떻게 반응하셨어요?"

"나를 상당히 심하게 꾸짖으셨어. 그런 다음에 우리가 당신을 따르든 말든 그것은 우리 자유지만, 우리가 그분 뒤를 따르려면 제 십자가를 질 준비가 되어 있어야 한다고 말씀하셨지."

《알렉산드리아의 사자》
장필리프 파브르 지음, 이정은 옮김

참된 믿음에는 예수님의 십자가를 함께 지는 용기가 필요합니다.
십자가를 진다는 것은 나에게 어떤 의미인가요?

년   월   일

무한하신 아버지 하느님

영원하신 아버지의 모습은 하느님께서 친히 피조물들에게 당신 자신을 알려 주길 원하셨던 첫 번째 모습이다. 성부께서는 그와 동시에 (성자와 성령을 아직 당신 뒤에 감추고 계시는 동안) 가장 먼저 친히 당신 자신을 드러내심으로써 당장 이 세상과 하늘나라가 서로 맞닿도록 잇고자 하신 당신의 입장을 분명하게 보여 주신다. 그 어떤 혼동의 가능성도 불허하시면서 말이다.

이 같은 조건 아래서 성부께서는 성자와 영원히 사랑을 나누시는 관계를 맺고 성령을 통해서는 그 사랑을 위해 고무되면서 단 한 번도 경직되거나 정체되지 않고 부단히 움직이신다. 그 때문에 그분을 직관하는 하늘나라에 거주하는 모든 이도 결코 습관처럼 나태해지거나 지루할 틈이 없다.

만일 우리가 사라져 가는 것들을 붙들고서도 나름대로 '감격하여' 참된 삶을 누리고 있다고 큰소리를 친다면, 정작 영원하신 성부께서는 그보다 얼마나 풍요롭게 더 많은 것을 누리시겠는가!

《사랑, 신과의 만남》
아드리엔 폰 슈파이어 지음, 조규홍 옮김

하느님의 사랑은 멈추지 않는 생명력으로 늘 우리를 향합니다.
나는 이 커다란 사랑을 느끼고 있나요?

년   월   일

006

아버지를 계시하는 분

　모든 신적인 계시는 사랑에서 시작하여 사랑으로 마무리된다. 또한 혹여 사랑이 아직 실현되지 않은 곳이 있다고 하더라도, 하느님의 사랑이 그것을 앞서 준비시킨다. 그래서 잠재적인 사랑이 이내 실현되도록 일깨워 줄 것이다. 그런데 성부를 계시하신 사람이 있으니, 그가 곧 예수 그리스도시다.
　그분은 이 세상에서 우리가 추적할 수 있는 형상을 취하시고자 무한한 세계에서 넘어오셨다. 이때 사람이 살아가는 일상적인 여건들을 기꺼이 받아들이시어, 그렇듯 겪어 내신 사건들을 일화로 묘사하고 설명하기 위해, 또한 그로써 언제 어디서든 누구나 따라 할 수 있는 행동을 취하시기 위해 우리의 유한성으로부터 유래하는 온갖 한계를 계속 스스로 감당하신다.

《사랑, 신과의 만남》
아드리엔 폰 슈파이어 지음, 조규홍 옮김

예수님께서는 성부 하느님을 드러내시는 살아 있는 계시이십니다.
나는 그분의 어떤 행동을 닮을 수 있을까요?

년   월   일

007

그분이 오시는 길

　예수님께서는 세상을 하느님과 화해시키는 당신의 파견 목적을 알고 계십니다. 그분께서는 성령께 순종하면서 그 목적을 실현하기 위해 하나하나 단계를 밟으셔야 합니다. 목적에 이르는 더 낫고 빠르고 효과적인 길이 여럿 있지 않겠습니까? 이 길들은 예수님께 그럴싸하고 매력적으로 보입니다.

　예수님께서는 유혹에 빠지지 않으십니다. 그러나 두 걸음 더 가거나 한 발짝만 더 내디디면 유혹에 빠지는 길을 체험하셨습니다. 예수님께서 우리의 나약함을 공감하신다는 성경의 진술이 이중으로 뒷받침됩니다.

　"그분께서는 고난을 겪으시면서 유혹을 받으셨기 때문에, 유혹을 받는 이들을 도와주실 수가 있습니다."(히브 2,18)

　모종의 고통 또는 큰 고통이 아니라 유혹을 당하는 우리가 겪는 유혹을 똑같이 겪음으로써 예수님께서는 어디서 도움을 주기 시작해야 하는지에 대한 내적인 앎을 얻고 우리를 도우실 수 있습니다.

《발타사르, 예수를 읽다》
한스 우르스 폰 발타사르 지음, 신정훈 옮김

우리와 같은 고통의 길을 걸으신 예수님께서는 늘 우리와 함께해 주십니다.
내가 유혹을 받을 때 예수님께 어떻게 도와 달라고 청해야 할까요?

년   월   일

007

사랑을 거부할 때

예수님께서는 심판하러 세상에 오신 것이 아닙니다. "나는 아무도 심판하지 않는다."(요한 8,15) 하지만 성부의 사랑을 증언하는 예수님의 계심과 영원한 생명을 선사하는 그분의 말씀 자체가 그것을 거부하는 이에게 심판이 됩니다.

"누가 내 말을 듣고 그것을 지키지 않는다 하여도, 나는 그를 심판하지 않는다. …… 나를 물리치고 내 말을 받아들이지 않는 자를 심판하는 것이 따로 있다. 내가 한 바로 그 말이 마지막 날에 그를 심판할 것이다."(요한 12,47-48)

아드님이나 아버지가 따로 심판하실 필요 없이 내가 사랑을 거부했다는 사실이 드러나는 것 자체가 가혹한 심판입니다.

《발타사르, 예수를 읽다》
한스 우르스 폰 발타사르 지음, 신정훈 옮김

심판은 우리가 하느님의 사랑을 받아들이지 않을 때 비롯됩니다.
지금 나에게 심판은 사랑의 기준인가요, 두려운 개념인가요?

년   월   일

하나가 되어

그는 거룩하고 존엄한 손으로 빵을 떼어 제자들에게 조각을 나눠 주며 말했다. "받아먹어라. 이는 내 몸이다."(마태 26,26)

또 잔을 들어 감사를 드린 다음 제자들에게 주었고, 모두 이 잔을 마셨다. 그리고 그들에게 말했다. "이는 죄를 용서해 주려고 많은 사람을 위하여 흘리는 내 계약의 피다. 내가 너희에게 말한다. 내 아버지의 나라에서 너희와 함께 새 포도주를 마실 그날까지, 이제부터 포도나무 열매로 빚은 것을 다시는 마시지 않겠다."(마태 26,28-29)

방금 이 몸과 피를 나누어 먹은 이들은 무엇을 이해했을까?

식탁 가운데 앉아 있는 사람의 아들은 그곳에 있었다. 동시에 제자들은 사람의 아들이 그들 마음속에서 몸을 떨며 요동치고 또 즐거움에 지나지 않았던 불꽃처럼 타오르는 것을 느꼈다. 이 세상에서 처음으로 놀라운 일이 성취되었다.

기적은 사랑하는 것을 소유하고 동화되어 이를 마음에 품는 것, 그 실체와 하나가 되어 육화한 사랑으로 변화되는 일이었다.

《프랑수아 모리아크의 예수》
프랑수아 모리아크 지음, 정수민 옮김

성찬례는 하느님의 사랑이 우리 안에 머무는 방식입니다.
예수님께서 나눠 주신 몸과 피는 나에게 어떤 의미로 다가오나요?

년   월   일

주님의 용서

　수많은 불쌍한 영혼은 육신을 지닌 예수를 대면하고는 오늘날 우리가 성체 앞에서 맛보는 것과 같은 감정을 느꼈다. 갑자기 죄로 인해 더러워진 자신의 모습을 깨닫고, 그 더러움이 얼마나 깊고 넓은지 헤아려 보게 되었다. 즉, 자신의 모습을 보게 된 것이다.

　그들이 받은 첫 번째 은총은 통찰력의 은총이었다. 그래서 시몬은 이렇게 외쳤다.

　"주님, 저에게서 떠나 주십시오. 저는 죄 많은 사람입니다."(루카 5,8)

　틀림없이 중풍 병자가 했을 조용한 기도도 마찬가지였을 것이다. "저를 고쳐 주십시오!"가 아닌, "저를 용서해 주십시오!" 하고 말이다. 그러자 인간의 입이 말한 적이 없었던 가장 놀라운 말이 나온 것이다.

　"너는 죄를 용서받았다."(마태 9,2; 마르 2,9)

《프랑수아 모리아크의 예수》
프랑수아 모리아크 지음, 정수민 옮김

주님 앞에서 우리는 자신이 누구인지 더 깊이 깨닫게 됩니다.
지금 주님께 드리고 싶은 고백은 무엇인가요?

년   월   일

주님의 신비

　만일 하늘나라에서 하느님 현존의 충만함에 대해 아주 빈약하게나마 그림을 그리려 시도해 본다면, 모든 지상의 언어와 척도는 무너져 버림을 보게 될 것이다. 이는 모든 시간을 초월하며, 언제라도 시간 속으로 당신을 드러내 보이실 수 있는 권능을 지닌 충만함이다.
　하늘나라에서 하느님께서는 모든 것이시며, 그분께 모든 것이 속해 있다. 그분 본성의 무한함은 존재의 영원성에 상응한다. 이 충만함으로부터 성자께서 나오신다. 성자의 파견은 처음부터 모든 신성의 표지로 그려진 신적 발상이었다. 그 승낙이 신적이었으며, 그 처분이 신적이었고, 그 허락이 신적이었다.

《예수의 최후 기도》
아드리엔 폰 슈파이어 지음, 문재상 옮김

하느님께서는 시간과 세상의 모든 것을 초월하는 분이십니다.
하느님의 충만함과 그분의 영원성에 대해 묵상해 봅시다.

년   월   일

성자의 임무

　성자께서는 지상에서 축소되지 않은 온전한 인간의 삶을 당신의 신성과 결합하는 임무를 지니셨다. 그리하여 그 파견이 여전히 신적으로 남아 있으면서도, 인간의 눈을 밝혀 볼 수 있도록 하고, 인간의 삶을 그 파견으로 향하게 하는, 어려운 임무를 맡으셨다.
　성자께서 맡으셨던 임무는 시간 속에 들어오는 일, 시간과 공간 안에서 자리를 차지하는 일, 인간이 알아볼 수 있는 의미를 지니고, 인간에게 하느님의 현존과 천국의 도래를 바라보도록 하는 것이다.
　성자께서는 이 임무를 행하시고, 그 사명과 당신을 하나로 만드시며, 그 사명을 한순간도 잊지 않으신다. 그 사명은 그분께 지상의 양식이며, 성부와 결합하는 끈이다. 그 사명 안에서 그분께서는 매 순간 성부의 뜻을 발견하신다. 사명과 성부의 뜻은 완전히 하나다.

《예수의 최후 기도》
아드리엔 폰 슈파이어 지음, 문재상 옮김

예수님의 사명은 하느님의 뜻과 하나이며, 지상에서 끊임없이 실현됩니다.
나의 사명은 무엇이라고 생각하나요?

년   월   일

010

나의 속도

　마음속에 상처가 많다면 가장 낮은 단계의 신앙생활을 하는 것이 좋다. 이 낮은 단계의 삶은 마치 어린아이가 되는 것과 비슷하다. 부모님께 청하듯 하느님께 간절히 기도드리고, 충분한 사랑을 받도록 노력해 보는 것이다.

　만약 가장 낮은 단계의 신앙생활을 해야 하는 사람이 마치 수도자처럼 스스로를 비우는 작업에 몰두하면 금방 지칠 것이다. 몸이 약한 사람이 암벽 등반을 하면 몹시 힘겨워하는 것처럼 말이다.

　하지만 산 정상에 오르기 위해 반드시 암벽 등반을 해야 하는 것은 아니다. 등산로를 따라 천천히 올라가도 괜찮고, 몇 번이라도 쉬어도 좋다. 올라가다가 숨이 차면 주변의 경치도 보고, 물도 한잔 마시는 여유가 필요하다.

　그래야 조금 늦더라도 정상에 오를 수 있다. 설령 정상에 오르지 못해도 상관없다. 산에 머무는 시간 자체가 행복했다면 그것만으로도 의미 있는 일이니 말이다. 이처럼 나에게 딱 맞는 신앙생활을 하는 것이 중요하다.

《혼자서 마음을 치유하는 법》
홍성남 지음

나에게 맞는 방식으로 하느님과 함께 걸을 때 참된 신앙의 길이 시작됩니다.
나에게 잘 맞는 신앙생활 방식은 무엇일까요?

년   월   일

010

진정한 겸손

    많은 사람들은 부와 가난을 외적으로 드러나는 것으로 판단하곤 한다. 그래서 과하게 사치를 부리거나, 외적인 청빈에 집착하는 것은 자신의 공허한 내면을 채우기 위한 방어막이 되기도 한다. 하지만 삶의 진정한 가치는 겹겹으로 둘러싸인 외부의 것에 있지 않다.

    지나친 겸손과 사양을 하는 사람들을 대할 때 어쩐지 마음이 불편해지곤 하는데, '저 사람이 대체 무슨 생각이지?'라는 의문이 들기 때문이다. 때로는 도덕적 우월감이 자리하고 있다는 생각까지 들기도 한다. 이런 이들과의 관계는 시간이 지날수록 억눌렸던 속마음이 분노나 이중적인 모습으로 드러나기에 악화될 가능성이 높다.

    오히려 내 생각과 욕구를 분명하게 표현할 때에 타인도 나를 더 편안하게 대할 수 있다. 진정한 겸손과 허울뿐인 겸손은 한 끝 차이라는 것을 꼭 기억하길 바란다.

《혼자서 마음을 치유하는 법》
홍성남 지음

진정한 겸손은 자신을 있는 그대로 받아들이는 용기입니다.
나는 주변 사람들에게 내 속마음을 얼마나 솔직하게 표현하고 있나요?

년   월   일

천천히 자라는 믿음

　예수가 모든 것을 이해해 주는 동반자 같은 존재가 되기까지는 긴 시간이 필요합니다. 갈색 수염을 가진 서양인인지 동양인인지 알 수 없는 초상화를 보여 주며, "이 사람이 당신 곁에 늘 함께하는 예수입니다."라고 했을 때, 거부감이 드는 것은 당연합니다.

　그 초상화를 보고 즉시 자신의 동반자라는 느낌을 받는 사람이 있다면, 그는 감각이 둔한 사람, 아니면 대단한 천재일 것입니다. 아무리 교리를 배웠다 해도 즉시 그런 느낌이 들지는 않습니다. 살아가면서 스스로 하나하나 경험하며 점차 익숙해져 가는 것입니다. 세례받은 그날부터 바로 누군지도 모르는 사람이 항상 곁에 있어 준다는 그런 일은 꿈에서도 일어나지 않습니다. 한발 양보해서, 실제 그런 사람이 있다 하더라도, 오랜 세월 동안 스스로 느껴 가면 될 것입니다.

《나의 예수》
엔도 슈사쿠 지음, 이평춘 옮김

신앙은 단번에 성장하는 것이 아니라, 삶을 통해 자라는 것입니다.
지금 내 신앙은 어떤 모습으로 자라고 있나요?

년   월   일

신께서 하시는 일

    세상에는 입교하면 이익이 생기고, 아이의 병이 낫는다거나 돈이 엄청나게 들어온다고 생각하는 사람이 많은 듯합니다. 이런 것은 종교의 본질과 전혀 상관없습니다.

    저는 아이를 잃은 어머니가 '하느님도 부처님도 없는 걸까.'라는 마음을 가지게 되는 순간, 오히려 거기서 신의 의미를 인정하게 되며, 거기서 비로소 참다운 믿음을 가지게 된다고 믿습니다. 이 점은 예수가 자신의 삶을 통해서 모두에게 드러내 보인 것으로, 제가 계속 언급한 것이기도 합니다.

    그러한 상태에서 '역시, 신이 하는 일에는 다 의미가 있어.'라는 생각을 하게 되기까지 꽤 긴 세월이 필요합니다. 그러나 그리스도인이라면 진심으로 이러한 생각을 하는 것이 중요하다고 생각합니다.

《나의 예수》
엔도 슈사쿠 지음, 이평춘 옮김

그리스도인의 믿음은 고통과 상실 속에서도 피어납니다.
받아들이기 힘든 일이 일어났을 때 나의 믿음을 어떻게 지킬 수 있을까요?

년   월   일

믿음과 의심

마르코 복음서 9장에는 예수님께서 마귀 들린 소년과 그의 아버지를 만난 이야기가 나온다. 이 부분에서 의심과 믿음이 서로 연결되어 있음을 알 수 있다. 소년의 아버지가 "이제 하실 수 있으면 저희를 …… 도와주십시오."(마르 9,22)라고 청하자, 예수님께서는 이렇게 말씀하신다. "'하실 수 있으면'이 무슨 말이냐? 믿는 이에게는 모든 것이 가능하다."(마르 9,23)

이에 소년의 아버지는 "저는 믿습니다. 믿음이 없는 저를 도와주십시오."(마르 9,24)라고 대답한다. 그러자 예수님께서는 마귀를 쫓아내시어 그를 의심에서 믿음으로 옮아가게 하신다.

믿음을 갖는다는 것은 무엇인가를 확신하는 것이고, 동시에 희망하게 됨을 뜻한다. 믿음이 성장하게 될 때, 좀 더 확신하게 되는 것이 아니라 좀 더 신뢰하게 되는 것이다.

《미사에 초대합니다》
도미닉 그라시 · 조 파프로키 지음, 송열섭 옮김

믿음은 의심을 통과해 하느님께 더 가까이 나아가는 길입니다.
하느님을 의심한 적이 있었나요? 그것을 어떻게 극복했나요?

년   월   일

그리스도의 평화

예수님께서는 제자들에게 "평화가 너희와 함께!"(요한 20,19)라고 말씀하셨다. 우리도 세례를 받은 덕분에 다른 모든 이들과 함께 평화를 나눌 권한이 있다. 우리는 예수님께서 하신 권고를 기억한다.

"그러므로 네가 제단에 예물을 바치려고 하다가, 거기에서 형제가 너에게 원망을 품고 있는 것이 생각나거든, 예물을 거기 제단 앞에 놓아두고 물러가 먼저 그 형제와 화해하여라. 그런 다음에 돌아와서 예물을 바쳐라."(마태 5,23-24)

지금이 바로 그 시간이다. 논쟁과 두려움은 버려두고 그리스도의 평화를 친밀하게 나누자. 그럴 때에 비로소 영성체에 참여할 수 있다. 그리고 우리에게는 미사가 끝난 뒤 성당을 떠날 때, 그리스도의 현존 가장 깊은 곳에서 발견한 평화를 지니고 갈 책임이 있다.

《미사에 초대합니다》
도미닉 그라시 · 조 파프로키, 송열섭 옮김

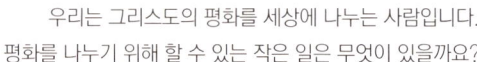

우리는 그리스도의 평화를 세상에 나누는 사람입니다.
평화를 나누기 위해 할 수 있는 작은 일은 무엇이 있을까요?

년   월   일

기적

　예수님은 기적을 행하실 때마다 주변 사람들에게 기적에 관해 아무 말도 하지 말라고 단호하게 이야기하셨다. 또한 예수님은 자신이 인기를 얻길 원하지 않으셨다. 이에 대해서는 네 복음사가 모두 똑같이 증언하고 있다.

　예수님께서 행하신 기적은 모두 그리스도의 영예를 위한 것이 아니었다. 기적의 대상이 된 사람은 모두 회개했고, 회심했다.

　예수님께서 행하신 기적은 명확하게 성경에 뿌리를 두고 있다. 이는 예수님을 어떤 '초인'적인 위치에 올려놓으려는 것이 아니라, 하느님과 같은 분이심을 드러내려는 것이다.

《기적》
파트리크 스발키에로 지음, 이재정 옮김

기적은 하느님께서 어떤 분이신지를 드러내는 사랑의 표징입니다.
하느님께서 내 삶에 행하신 기적은 무엇이 있을까요?

년   월   일

013

창조주 예수님

예수님께서 자연과 만물을 지배하심을 보여 주는 사건이 있다. 이는 구약 성경에서 이미 예견되었다고 할 수 있다. 예수님께서 빵을 많게 하신 사건과 사도들에게 물고기를 많이 잡을 수 있도록 하신 사건은 구약 성경에서 하느님이 하신 일과 크게 다르지 않다.

하느님께서 모세를 통해 이스라엘 민족을 사막으로 이끌어 내신 뒤 배불리 먹이신 것처럼 예수님도 굶주리는 사람들에게 먹을 것을 풍성하게 주셨다. 이는 당신 자신을 양식으로 내어놓으시는 성체성사를 미리 맛보게 해 주시는 것이라고 할 수 있다.

예수님께서 풍랑을 가라앉히시는 사건과 무화과나무를 저주하신 사건이 있다. 이는 영원한 말씀이시며 '사람'이 되신 창조주 예수님은 피조물과 만물을 다스리시는 분이라는 것을 알 수 있도록 한다.

《기적》
파트리크 스발키에로 지음, 이재정 옮김

예수님의 기적은 만물을 품으시는 창조주의 권능과 사랑을 드러냅니다.
예수님께서 보여 주신 사랑에 나는 어떻게 보답하고 있나요?

년   월   일

014

오롯한 사랑

나는 포도나무요 너희는 가지이다. 너희는 나에게서 꽃피어 났다. 내 심장의 피 한 방울이 너희의 모든 생각과 노력에 스며드는 게 놀랍지 않은가? 내 심장의 생각들이 너희의 세상적 심장 속으로 조용히 배어드는 게 너희는 놀랍지도 않은가? 너희 안에서 한 속삭임이 날아올라, 너희가 낮이고 밤이고 콧노래와 꾀는 소리를 체감하는데도? 사랑으로 오라고, 기꺼이 고통받으려는 사랑으로, 나의 사랑과 함께, 구원하는 사랑으로 오라고 꾀는데도? 과감히 너희의 생명과 모든 힘을 모아 너희 형제들을 위해 남김없이 다 걸고자 하는 열의가 너희 안에 벅차 오르는데도? 너희 자신의 몸으로 나의 남은 고난을 채워야 하는데도? 내가 나의 모든 가지와 지체들 안에서 나의 수난을 다 겪어 내기까지 내 고난은 여전히 남아 있을 수밖에 없다.

당연히 너희는 모두 내가 아닌 다른 누구를 통해 구원받은 게 아니기 때문이니, 내가 오롯한 구원자이며, 오로지 너희 각자와 결합되어 있다.

《세계의 심장》
한스 우르스 폰 발타사르 지음, 김혁태 옮김

하느님의 사랑은 오늘도 우리 안에서 속삭이며 일하십니다.
하느님께서 나를 사랑하신다는 사실에서 어떤 감정을 느끼나요?

년   월   일

삼위일체의 진리

아버지의 지혜와 지식을 품고, 심연의 모든 보화를 받아 들고 세상에 오신, 형언할 수 없는 것의 발설이신 분이 세상에 오셨다. 그분은 한처음 말씀이시다. 그리고 세상을 향해 입을 여시고 아버지 앞에 말씀을 올리기 시작하심으로써, 또한 스스로 말씀하기 시작하셨다. 그분은 살아 있는 말씀이시기 때문이니, 그분은 말하는 이요 동시에 말 자체이시다.

당신 자신을 아버지의 계시로 드러내시기 위하여, 그분이 세상에 오셨다. 그리고 이 알림과 드러냄에 당신의 모든 지향과 당신 존재의 의미를 두시는 가운데 아버지의 거울이자 창문이 되는 것 외에는 다른 무엇도 바라지 않으심으로써, 아버지와 아들의 의지와 본질은 일치를 이루었다. 그리고 이 일치가 성령이셨다. 그러니 계시의 행위와 내용이 삼위일체적이었으며, 모든 진리의 본질과 핵심이 삼위일체 안에 내포되어 있었다. 삼위일체 하느님이 모든 것의 근원이요 목적이시다.

《세계의 심장》
한스 우르스 폰 발타사르 지음, 김혁태 옮김

모든 진리의 중심에는 삼위일체 하느님이 계십니다.
그분께서 우리에게 보여 주시려 한 것은 무엇일까요?

년   월   일

015

하느님의 섭리

    우주에 체계가 있다는 것은 대단한 일이다. 모든 것이 조화를 이루고 그 나름의 법칙을 갖고 있으며, 인간도 그렇게 조화를 이루고 있다는 것은 우리에게 경외심을 느끼게 해야 한다. 하지만 우리의 정신과 마음, 그리고 인간의 존엄성은 그런 질서만으로는 살 수 없다. 질서 있는 체계뿐이라면, 그것은 우리를 스쳐 지나간다. 헤아릴 수 없이 먼 곳으로부터 와서, 다시 헤아릴 수 없이 먼 곳으로 가 버린다.

    하지만 하느님 섭리의 질서는 우리에게 그와 다른 무엇을 뜻한다. 그것은 하느님의 마음으로부터 온다. 그것은 그분과 사랑의 동맹을 맺고 그분의 나라를 돌보는 데에서 그분과 협력하는 그분의 피조물들의 마음을 비춘다.

《로마노 과르디니의 주님의 기도》
로마노 과르디니 지음, 안소근 옮김

우주의 체계보다 더 깊은 질서는 하느님으로부터 비롯됩니다.
나는 하느님 섭리의 질서를 따라서 사나요?

년   월   일

015

하늘에 계시는 분

그리스도께서는 하늘을 복된 목적지이며 최종적 조건으로서 인간과 연결시키신다. 그래서 우리에게 "하늘에 보물을 쌓아라."(마태 6,20)라고 촉구하시는데, 이는 우리가 하늘을 우리의 생각과 행동의 목표이며 기준으로 삼고, 우리의 삶이 보여 주어야 하는 마지막 완성의 결과이며 형태로 보아야 한다는 것을 뜻한다.

바오로는 그리스도의 이러한 생각에 따라 우리에게 "우리는 하늘의 시민"(필리 3,20)이라고 일깨워 준다. 그리스도는 하늘로 돌아가 아버지의 오른편에 앉아 계시다. 그러므로 하늘이 하느님의 거처라고 말하는 것은 옳다.

하늘은 하느님이 당신 자신과 함께 계신 곳이다. 하느님이 그 "안에" 계신 장소가 있는 것이 아니라, 하느님이 계시는 "다가갈 수 없는 빛"(1티모 6,16)이 하늘이다.

《로마노 과르디니의 주님의 기도》
로마노 과르디니 지음, 안소근 옮김

우리는 하느님의 찬란한 거처인 하늘의 시민으로서 오늘을 살아가야 합니다.
나는 오늘 내 삶의 목표를 어디에 두고 있나요?

년   월   일

영원한 동반자

    인간이 고독을 가볍게 여기지 않고 진지한 자세로 대하여 내면과 마주한다면, 자신의 영혼이 반드시 어떤 존재를 찾고 있음을 알게 될 것이다. 사랑에 실망한 사람은 배신하지 않을 존재를 찾는다. 나의 슬픔을 헤아려 줄 이가 없어 절망하고 있는 이는 자신을 이해해 줄 그 누군가를 찾는다. 이는 감상도 어리광도 아니다. 다른 이에 대한 인간의 조건이다.

    때문에 인간의 존재와 역사가 계속되는 한, 인간은 영원한 동반자를 계속 찾을 것이다. 예수는 언제나 인간의 이러한 간절한 기대에 답했다. 역사 속에서 그리스도인들은 많은 죄를 범했고, 그리스도교 역시 때로는 과오를 범했다. 하지만 그럼에도 인간이 계속 예수를 찾는 것은 바로 이러한 이유 때문이다.

《그리스도의 탄생》
엔도 슈사쿠 지음, 이평춘 옮김

예수님께서는 인간이 끝없이 찾는 참된 동반자이십니다.
나는 예수님께 어떤 동반자가 되어 드리고 싶나요?

년   월   일

배신, 그 이후의 길

　예수는 사랑을 말이 아니라 자신의 죽음으로 제자들에게 드러내었다. 십자가에서 바친 마지막 기도에서 그 사랑을 증명해 보였던 것이다. 제자들은 스승의 십자가 사건 앞에서 말을 잃었다. 자기변명도, 자기 정당화도 불가능해진 것이다.

　이날부터 그들은 자신들이 저버린 예수를 기억 속에서 지울 수가 없게 되었다. 잊어버리고 생각하지 않으려 할수록, 예수는 그들의 마음속에서 떠나지 않았다. 예수는 그들을 사로잡았다. 이런 의미에서 예수는 제자들의 마음속에서 다시 나타나고 부활했다.

《그리스도의 탄생》
엔도 슈사쿠 지음, 이평춘 옮김

예수님께서는 인간의 나약함조차 끌어안는 무한한 사랑을 지니십니다.
마음속에서 지워지지 않는 사랑의 기억이 있나요?

년   월   일

017

성자와 성령

신약 성경에서 보았을 때 성령은 한편으로 예수를 앞서가며 그의 활동의 토대이다. 영의 기름부음을 받은 이(=그리스도)로서 예수는 성령의 능력으로 활동했다.

예수의 활동을 "성령께서 비둘기처럼 당신께 내려온"(마르 1,10) 그의 세례와 더불어 개시하도록 하는 마르코에게서나, 예수를 동정녀 마리아에게서 나도록 하는 마태오나 루카에게서도 아이는 마리아에게 내려온 "성령으로 말미암았다."(마태 1,20)

영의 담지자로서 예수는 하느님의 전권을 가지고 행동함으로써 스스로 영의 수여자가 된다. 그러한 이유에서 성령은 예수의 활동을 앞서갈 뿐만 아니라 다른 한편 예수를 뒤따라간다.

《신학, 하느님과 이성》
미하엘 제발트 지음, 신정훈 옮김

예수님께서는 성령 안에 사셨고, 우리도 그 성령 안에 살게 하셨습니다.
성령께서는 나에게 어떤 능력을 주셨나요?

년   월   일

역사 안으로 임하신 분

   창조주와 피조물 사이의 간극 극복은 그리스도교의 확신에 따르면 계시 사건에 구원의 효력, 즉, 구원을 일으키는 효력을 부여한다. 왜냐하면 신앙 안에서 인간을 구원하는 불멸의 하느님이 죽음과 사멸성, 윤리적 악과 물리적 악에 의해 망가진 인간에게 당신의 생명과 선과 진리의 몫을 선사하려는 자비로운 권능으로 다가오기 때문이다.

   인간이 역사적으로 규정되어 있기에 이는 오직 역사적으로만 전달될 수 있다. 하느님이 자신을 계시하면서 역사 안으로 등장한다. 하느님은 스스로를 역사적으로 규정하면서 역사적으로 규정된 인간을 만난다. 하느님의 역사적 자기 규정은 나자렛 예수에게서 정점에 도달한다고 교회는 고백한다. 하느님은 예수 안에서, 특정 조건 아래, 특정 시간에, 특정 장소에서 영위되는 구체적인 삶을 통해서 당신이 누구인지, 당신이 인간을 위해 어떤 이가 되고자 하는지를 드러낸다.

《신학, 하느님과 이성》
미하엘 제발트 지음, 신정훈 옮김

하느님께서는 인간의 시간과 장소에서 사랑을 전해 주십니다.
나는 다른 사람에게 어떤 사랑을 전하고 있나요?

년   월   일

밀과 가라지

"'아니다. 너희가 가라지들을 거두어 내다가 밀까지 함께 뽑을지도 모른다. 수확 때까지 둘 다 함께 자라도록 내버려 두어라. 수확 때에 내가 일꾼들에게, 먼저 가라지들을 거두어서 단으로 묶어 태워 버리고 밀은 내 곳간으로 모아들이라고 하겠다.'" (마태 13,29-30)

우리는 착하게 살려고 하지만, 자신에게서 악한 성향도 발견합니다. 우리는 다정한 모습을 지니길 바라지만, 자신에게서 증오심과 복수심도 발견합니다. 이러한 가라지들에 놀라서 우리는 이것들을 뽑고 싶어 합니다. 그러나 이 비유에 나오는 가라지는 밀처럼 생겨서, 가라지를 뽑으면 밀도 함께 뽑게 될 것입니다. 따라서 완벽주의로 인해 자기 마음에서 모든 가라지를 뽑으려고 하는 사람은 결국 밀도 수확하지 못하고, 나아가 인생의 열매도 맺지 못할 것입니다. 인생에서 풍성한 수확을 얻으려면 완전무결한 사람이 되어야 하는 것은 아닙니다.

《내 마음의 주치의》
안셀름 그륀 지음, 최용호 옮김

내면의 악함을 받아들일 때 비로소 우리는 성숙해질 수 있습니다.
내 안의 약점을 나는 어떻게 대하고 있나요?

년   월   일

말씀의 씨앗

 예수님은 무슨 까닭으로 우리 안에 있는 많은 것들이 그처럼 조금밖에 싹을 틔우지 못하는지를 설명해 주십니다. 그분은 우리의 잘못을 지적하심으로써, 우리 내면에 단단하게 다져진 길과 돌밭, 가시덤불이 있음을 깨닫게 하십니다. 그러나 그와 동시에 예수님은 우리에게 희망도 주십니다. 우리 내면에 뿌려진 씨앗들 가운데 어떤 것들은 좋은 땅에 떨어졌다는 말씀으로 말이지요. 좋은 땅에 떨어진 씨앗들은 우리 안에서 싹트고 열매를 맺는데, 이에 대해 성경에서는 이렇게 말합니다.

 "어떤 것들은 좋은 땅에 떨어져 열매를 맺었는데, 어떤 것은 백 배, 어떤 것은 예순 배, 어떤 것은 서른 배가 되었다."(마태 13,8)

 우리가 하느님 말씀의 씨앗을 좋은 땅에 떨어지게 한다면, 다시 말해 그분의 조용한 자극을 우리의 열려 있는 넓은 마음으로 떨어지게 한다면, 우리의 삶은 꽃필 것입니다.

《내 마음의 주치의》
안셀름 그륀 지음, 최용호 옮김

아름답게 꽃피우는 삶은 열린 마음에서 시작됩니다.
말씀의 씨앗이 내 안에서 잘 자라게 하기 위해 무엇을 할 수 있을까요?

년   월   일

주님의 정원

　예수님께서는 신비를 제게 가르쳐 주셨습니다. 그분은 제 눈앞에 자연이란 책을 펼쳐 주셨고, 그분이 만드신 모든 꽃이 아름답다는 것과, 장미의 화려함이나 백합의 순결함 때문에 작은 오랑캐꽃의 향기나 들국화의 순박한 매력이 없어지지 않는다는 것을 알게 되었습니다. 만일 작은 꽃들이 모두 장미가 되려 한다면 자연은 봄의 아름다움을 잃어버리고, 더 이상 갖가지의 작은 꽃들로 꾸며지지 못하리라는 것도 깨달았습니다.
　영혼의 세계도 예수님의 정원과 같은 것입니다.
　그분께서는 장미나 백합에 견줄 수 있는 큰 성인들을 창조하신 한편, 오랑캐꽃이나 들국화처럼 하느님께서 발밑을 내려다보실 때 그분의 눈을 즐겁게 해 드리는 작은 성인들도 창조하셨으니, 모두가 자신의 역할에 만족해야 할 것입니다. 완덕이란 하느님의 성의를 행하는 데, 즉 그분께서 우리에게 바라시는 대로 되는 데 있습니다.

《성녀 소화 데레사 자서전》
성녀 소화 데레사 지음, 안응렬 옮김

하느님의 정원에는 모든 이가 고유한 아름다움으로 존재합니다.
나는 내 삶을, 내게 주어진 역할을 기쁘게 받아들이고 있나요?

년   월   일

사랑하기 위해서

아! 주님, 당신께서는 할 수 없는 일을 명하시지 않는 분이심을 압니다. 당신께서는 제 약함과 불완전함을 저보다도 잘 아시며, 당신께서 '제 안에 계시어 자매들을 사랑하지' 않으시면, 제가 당신께서 사랑하시는 것처럼 자매들을 사랑하지 못하리라는 것도 잘 아십니다.

당신은 이 은혜를 제게 주시고자 '새로운' 명령을 내리셨습니다……. 오! 저에게 사랑하도록 하신 모든 이를 당신이 '제 마음속에서' 사랑하고자 하신다는 것을 이 명령이 확실히 알려 주기 때문에 이 명령을 사랑합니다!

제 마음이 자애심으로 가득할 때, 제 안에 계신 예수님께서 홀로 그 일을 하신다는 것을 깨닫습니다. 제가 예수님과 일치하면 일치할수록 모든 자매들을 더욱 사랑하게 됩니다.

《성녀 소화 데레사 자서전》
성녀 소화 데레사 지음, 안응렬 옮김

예수님과 가까워지려 할수록 다른 이들을 더 깊이 사랑할 수 있습니다.
다른 이의 약함을 헤아리고 품어 주기 위해 어떤 노력을 할 수 있을까요?

년   월   일

020

자신을 사랑하기

우리는 반드시 자신에 대한 올바른 자기애를 가져야 합니다. 하느님께서 우리를 창조하지 않으셨던가요? 우리는 그분에게 사랑스러운 존재이지 않나요?

어떤 이들은 하느님께서 자신을 사랑하신다는 사실을 믿기 어려워합니다. 하지만 하느님께서 그들을 사랑으로 창조하셨고 그분의 사랑에 의해 그들이 존재한다는 사실을 이해한다면, 하느님께서 자신을 사랑하신다는 것을 믿게 될 것입니다.

하느님께서는 오직 사랑으로만 존재하는 모든 것을 유지하십니다. 그분의 본성이 사랑이기 때문이지요. 하느님께서 먼저 우리를 사랑하시어 존재하게 하셨으니, 하느님께서는 언제나 우리를 사랑하실 것입니다.

《상실과 희망의 메시지》
크리스 에일라 · 제이슨 루이스 지음, 임성연 옮김

우리는 하느님의 사랑으로 존재하며, 그 사랑은 결코 변하지 않습니다.
내가 나를 미워할 때 하느님께서는 나를 어떻게 바라보고 계실까요?

년   월   일

희망의 처방약

　하느님과 함께하는 사랑하는 이의 영원한 생명에 대한 희망을 가진다면, 우리는 우리 자신에 대해서도 희망을 가질 수 있습니다. 하느님 자비의 깊은 우물에서 자신의 영혼을 위한 더 많은 치유와 평화를 얻을 수 있습니다.

　어쩌면 우리는 여전히 슬픔을 느끼고 있을 수 있습니다. 여전히 사랑하는 가족이나 친구를 잃은 극심하고 형언할 수 없는 고통을 느낄 수도 있습니다. 그런 경우라면 제가 하느님께서 주시는 '희망의 처방약'이라고 부르는 다음의 기도문이 우리 마음속에 부드럽게 울려 퍼지도록 해야 합니다.

　"예수님, 저는 당신께 의탁합니다."

《상실과 희망의 메시지》
크리스 에일라 · 제이슨 루이스 지음, 임성연 옮김

하느님께 온전히 의탁할 때 슬픔 속에서도 희망이 피어날 수 있습니다.
하느님께 의탁하는 기도를 함께 바쳐 봅시다.

년   월   일

구원의 메시지

하느님께서는 당신을 믿지 않는 이도 구원을 얻기를 바라십니다. 그래서 그에게도 사랑의 손길을 내미시지요. 물론 그 사람이 제안을 받아들이지 않고, 그리스도교의 하느님을 믿지 않아도 좋습니다. 하지만 제2차 바티칸 공의회의 가르침처럼 자신의 양심을 따라 살아야 한다는 것은 분명합니다. 그러면 이 신비를 하느님으로 생각하지는 않아도, 그분께 자신을 개방한 거나 다름없습니다.

모든 이가 하늘나라에 자동으로 들어간다고 할 수는 없어도 누구든지 하늘나라를 받아들일 수는 있습니다. 하지만 어떤 이는 받아들이지 않습니다. 만일 "내가 어떻게 살든지 상관없어. 어차피 나도 하느님을 따랐던 사람들과 똑같이 하늘나라에 들어갈 거니까."라고 믿는다면 삶은 진중함을 상실할 것입니다.

《안셀름 그륀의 종교란 무엇인가》
안셀름 그륀 지음, 신정훈 옮김

스스로 믿음을 받아들이는 이에게 구원의 길이 열려 있습니다.
내가 외면하거나 무시했던 '사랑의 손길'이 있었나요?

년   월   일

용서와 사랑

성인들도 자신을 죄인이라고 여겼습니다. 이러한 체험은 본질적으로 하느님 체험에 속합니다. 하느님께 다가갈수록 우리 안에 있는 어두움, 그늘진 부분, 본래 하느님에게서 비롯된 모습을 따라 살지 않은 죄를 더욱 명확히 알게 됩니다.

하지만 이 체험이 끊임없는 양심의 가책으로 나 자신을 괴롭히는 수단이 되어서는 안 되고 오히려 겸손함으로 이끌어야 합니다. 겸손함은 자신의 인간적인 불완전성으로 내려가서 우리 안의 모든 것이 하느님의 사랑으로 채워지고 변화하리라는 신뢰를 지니게 합니다.

이러한 의미에서 우리는 나 자신을 죄인이라 부를 수 있으나, 비난해서는 안 됩니다. 오히려 나의 죄와 잘못을 하느님께 솔직히 말씀드리고 용서를 청할 때 조건 없는 그분의 사랑을 체험할 수 있습니다.

《안셀름 그륀의 종교란 무엇인가》
안셀름 그륀 지음, 신정훈 옮김

죄의 자각은 자책이 아니라 하느님께 나아가는 길로 이어져야 합니다.
양심의 가책으로 괴로웠던 적이 있나요?

년   월   일

그분께서 오신 이유

원죄론에서는 "하느님은 모든 것을 선하게 창조하셨지만, 원조들이 자유의지를 통해 하느님을 거슬러 죄를 지음으로써 우리들의 본성이 손상되어 버렸다."라고 합니다.

모든 인간은 이 원죄론으로 표현된 어려운 상태, 즉 욕망에 끌려다니는 상태에서 벗어나고 싶어 합니다. 인간이 자신의 힘으로 이런 상태에서 벗어날 수 있는지 없는지 하는 문제에서 종교가 갈라집니다. 어떤 특정 종교에서는 인간이 충분히 자력으로 구원받을 수 있다고 가르칩니다.

그렇지만 그리스도교에서는 이 사슬을 끊기 위해서는 우리 힘만으로는 되지 않고 하느님의 은총이 필요하다고 합니다. 그렇기 때문에 죄의 사슬을 끊어 주기 위해서 하느님이 이 세상에 오셨고, 그분의 십자가와 부활로 우리에게 주어진 은총을 통해 우리는 죄에서 벗어날 수 있게 된 것입니다.

《아우구스티누스에게 삶의 길을 묻다》
박승찬 지음

죄의 사슬을 끊기 위해서는 하느님의 은총이 반드시 필요합니다.
요즘 내가 버려야 할 욕망은 무엇인가요?

년   월   일

자유 의지

하느님이 인류를 강제적으로 이끄시는 것이 아니라, 인간이 스스로 선한 길로 나아가서 하느님께 사랑과 찬미를 드리는 모습에 하느님은 기뻐하십니다. 아우구스티누스의 정신을 이어받은 후대의 학자들에 따르면, 인간의 자유란 하느님의 인도를 따르고 하느님께 사랑과 존경을 드리는 데 결정적인 의미를 지닌 필수적인 조건이라고 합니다.

결국 아우구스티누스가 찾아낸 것은 하느님은 인간을 창조하실 필요도 없었고 자유 의지도 주실 필요가 없었지만, 당신과 닮은 모습으로 창조한 인간에 대한 큰 사랑 때문에 인간에게 자유 의지를 주셨다는 사실이었습니다. 아우구스티누스도 때로는 이것이 위험한 선물일 수 있다고 생각했지만, 인간이 실수하더라도 올바른 쪽으로 나아갈 수 있는 가능성을 그대로 남기는 것이 인간에 대한 하느님의 진정한 사랑의 표현이라고 보았지요.

《아우구스티누스에게 삶의 길을 묻다》
박승찬 지음

자유 의지로 사랑을 선택할 때, 진정한 사랑을 할 수 있습니다.
나는 하느님께서 주신 자유 의지를 어떻게 사용하고 있나요?

년   월   일

023

끝없는 용서

하느님께서는 항상 너그럽게 용서해 주십니다. 그리고 지치지 않고 용서해 주십니다. 하느님의 용서는 온전합니다. 하느님께서는 한 인간이 같은 죄를 계속 짓더라도, 온전히 용서받을 수 있다는 확신을 주십니다. 우리를 끊임없이 불쌍히 여기시고 사랑하시기 때문입니다. 그래서 매정한 종의 비유에 나오는 주인처럼 가엾이 여기며 부드러운 연민의 정을 보여 주시는 것이지요. 이는 그분의 자비입니다.

하늘에 계신 우리 아버지께서는 진정으로 회개하는 이를 항상 가엾게 여기십니다. 그리고 모든 것을 전부 용서해 주신다고 다정하게 말씀하시며, 편안한 마음으로 돌아갈 수 있도록 하십니다.

하느님의 용서는 한계가 없으며 상상을 뛰어넘습니다. 하느님께서는 누구든 마음 깊이 자신의 잘못을 깨닫고 당신 품으로 돌아오길 원하십니다. 그리고 그 어느 것보다 용서를 청하는 마음을 바라보십니다.

《프란치스코 교황과 함께 준비하는 고해성사》
교황청 내사원 지음, 고준석 옮김

하느님의 용서는 우리의 반복되는 잘못에도 끝나지 않습니다.
내가 하느님께 가장 용서받고 싶은 일은 무엇인가요?

년   월   일

새로운 시작

　고해성사는 우리가 처음부터 다시 시작할 수 있도록 해 줍니다. 어떤 사람은 이것이 불가능하다고 생각할지도 모릅니다. 아닙니다. 우리는 다시 시작할 수 있습니다!

　하느님께서는 바로 당신을 기다리고 계십니다. 그리고 자비로우신 그분은 기꺼이 당신을 용서해 주시고, 처음부터 다시 시작할 수 있는 힘을 주십니다. 그때 다시 눈을 떠 슬픔과 눈물을 이겨 내고 새로운 노래를 부를 수 있게 됩니다.

　참된 기쁨은 시련과 고통 속에도 존재합니다. 이 기쁨은 외적으로 드러나지 않아도 하느님을 믿고 그분께 자신을 내어 맡기는 사람의 내면에 남아 있습니다.

《프란치스코 교황과 함께 준비하는 고해성사》
교황청 내사원 지음, 고준석 옮김

고해성사를 통해 하느님께서는 우리에게 다시 시작할 수 있는 힘을 주십니다.
나는 고해성사를 사랑의 성사로 받아들이고 있나요?

년   월   일

024

주님의 은총

　예수님, 저는 당신의 도우심을 믿고 바라니, 제가 당신 것이 되게 해 주십시오. 주님께서는 당신을 멀리했던 순간이나, 그 사랑을 외면했을 때에도 변함없이 사랑해 주셨습니다. 하지만 이제는 당신을 간절히 찾고 원하니 저를 얼마나 더 사랑해 주시겠습니까!
　무한한 사랑이신 하느님, 제게 당신을 사랑할 수 있는 은총을 허락해 주십시오. 무한히 선하신 하느님, 당신의 마음을 아프게 해 드린 잘못을 뉘우치니 저를 용서하시고, 죽기까지 당신을 사랑하며 영원히 또 다른 생명을 누리는 가운데서도 당신만을 사랑하는 은총을 허락해 주십시오.
　예수님, 저 같은 어리석은 영혼이 마침내 당신을 향한 사랑으로 충만해지는 이 기적을 당신 공로로 이루어 주십시오. 이것이 곧 저의 결심이자 바람입니다. 이 모든 것을 이루는 데 필요한 힘을 저에게 주소서.

《성체 조배》
알폰소 리구오리 성인 지음, 이건 옮김

하느님을 향한 참된 사랑은 뉘우침에서 시작됩니다.
하느님의 마음을 가장 아프게 해 드린 날은 언제였나요?

년   월   일

당신만을 바라는 삶

인간의 구원을 위해 십자가 위에서 희생되신 흠 없는 어린양이시여, 저는 당신의 고난으로 구원받은 영혼입니다.

당신은 날마다 성체를 통해 당신 자신을 내어 주시니, 저희가 온전히 당신 것이 되어 당신을 결코 잊지 않게 하십시오. 저를 온전히 내어 드리오니 당신 뜻에 맞갖게 써 주십시오.

제 의지를 바치오니 당신 사랑의 부드러운 사슬로 굳게 매어 언제나 거룩한 당신 뜻을 따라 살게 하십시오.

저는 이제 제 뜻보다는 오로지 당신 선의를 따라 살기를 원합니다. 그러니 주님을 기쁘게 해 드릴 수 없는 것은 없애 주시어, 당신의 말씀 외에 어떤 것도 바라지 않는 은총을 허락해 주십시오.

《성체 조배》
알폰소 리구오리 성인 지음, 이건 옮김

주님께 나를 온전히 바치는 것보다 더 큰 은총은 없습니다.
주님의 뜻과 일치되기 위해 나는 무엇을 내려놓아야 할까요?

년   월   일

025 평화를 내리소서

오, 하늘에 계시어도 가두지 않으시고
위로부터 처음 내신 것들에게 보다 더한
사랑을 베푸시는 우리 아버지시여,
온갖 조물은 당신의 이름과 권능을
찬송할지니 감미로운 당신의
기운에 감사를 드림이 지당하나이다.
당신 나라의 평화를 우리에게 내리소서.
그 평화 오지 않는 한 우리는 우리 스스로의
모든 재주로도 그를 얻을 능력이 없나이다.
당신 천사들이 호산나를 부르며
그 뜻을 당신께 제사드림같이
인간들도 제 것을 그리하게 하소서.

《단테의 신곡 (상)》
단테 알리기에리 지음, 최민순 옮김

하느님께서는 인간에게 하늘나라의 사랑과 평화를 내려 주십니다.
평화를 누리기 위해 내가 지녀야 할 삶의 태도는 무엇인가요?

년   월   일

마지막 기도

나날의 만나를 오늘도 우리에게 주소서.
이것 없이는 덧거친 이 광야를 나아가고자
더욱 애타하는 자도 뒷걸음만 칠 것이오이다.
또한 우리가 겪는 바 악을 누구에게나
용서하여 줌과 같이 당신도 우리 한 일을
보지 마옵시고 너그러이 용서하소서.
하잘것없이 넘어가는 우리의 힘을
옛 원수와 더불어 겨루지 말게 하시고
이렇듯 악을 돋우는 그에게서 건져 주소서.
이 마지막인 기도야말로 사랑하는 주여,
진정 보람이 없어진 우리를 위함이 아니옵고
오직 우리 뒤에 남을 자들을 위함이로소이다.

《단테의 신곡 (상)》
단테 알리기에리 지음, 최민순 옮김

우리는 날마다 주님의 자비를 간구하고 그분 안에서 살아가야 합니다.
나는 하느님께 얼마나 깊이 하느님께 감사하고 있나요?

년   월   일

되돌아보기

1. 내 생각에 변화를 일으킨 책과 가장 인상 깊었던 문장은 무엇인가요?

___

___

___

2. 내 삶에서 하느님의 손길을 느낀 순간은 언제였나요?

___

___

___

3. 하느님께서 내게 베풀고자 하시는 은총은 무엇인가요?

___

___

___

4. 하느님의 뜻을 더 깊이 알기 위해 앞으로 어떤 노력을 하고 싶나요?

___

___

___

5. 이 장을 마치며 얻은 깨달음과 변화를 정리해 보세요.

___

___

2장

하느님과 함께하다

하느님께 자신을 봉헌하는 기도

저의 주님, 저의 하느님,
주님께 가지 못하도록 하는
모든 것을 거두어 주소서.
대신에 당신께로 이끄는
모든 것을 가져다주소서.
저의 주님, 저의 하느님,
제게서 저를 거두어 주소서.
저를 온전히 당신의 것으로 만들어 주소서.
아멘.

— '니콜라오 데 플뤼에 성인의 기도'

세 가지 질문

"나는 무엇을 하고 있고, 왜 그것을 하는가?"
"내가 하는 일이 누구에게 이익이 되고 누구에게 이익이 되지 않는가?"
"이 일이 하느님의 나라가 오는 일에 도움이 되는가?"

이러한 질문을 하는 것만으로도 세상을 변화시킬 수 있다. 우리가 스스로에게 이렇게 자문해 봄으로써 자신의 소명과 의미에 관한 문제를 다시 바라볼 수 있다. 또한 삶에 관한 새로운 결정들과 그 안에서의 우리의 역할을 직시하게 된다. 그리고 세상의 거울을 들여다보는 것처럼, 우리가 세상을 더 좋게 혹은 더 나쁘게 만들기 위해 무슨 일을 했는지 알 수 있다.

이렇게 우리는 일을 통해 세상과 연결되고, 특별한 방법으로 하느님과 삶을 나눈다.

《모든 일에는 때가 있다》
조앤 치티스터 지음, 박정애 옮김

작은 질문으로 내 삶과 세상의 변화를 이끌어 낼 수 있습니다.
나는 어떤 방법으로 세상과 연결되고 하느님과 삶을 나누고 싶나요?

년   월   일

하느님을 이해하는 법

웃음은 우리에게 묵묵히 권력에 저항하고, 미소로써 교회의 심상을 보여 주신 예수님의 자유로움을 전해 준다. 아마도 예수님은 웃으며 이렇게 말씀하셨을 것이다. "하늘나라는 가난한 사람들의 것이다." 또 이렇게 말씀하셨을 것이다. "하느님은 아버지시다."

그분은 이곳저곳을 다니며 사람들의 병을 고치시고, 사람들에게 새로운 희망을 주어 웃게 하셨다. 죄인들과 함께 식사하셨고, 나병 환자들의 발걸음을 가볍게 하셨다. 물고기가 없는 곳에서 물고기를 낚으셨고, 음식이 없는 곳에서 음식을 만들어 군중과 함께 드셨다. 바리사이를 웃음거리로 만드셨으며, 잘난 체하는 자들에게 풍자로 영적인 교훈을 주셨다. 그리고 끝까지 넉넉한 미소를 지으며 하늘로 올라가셨다.

우리가 웃고 즐기는 법을 배우면, 우리와 함께 웃고 즐기시는 하느님을 더 잘 이해하게 될 것이다.

《모든 일에는 때가 있다》
조앤 치티스터 지음, 박정애 옮김

웃음은 우리를 하나로 모으는 다정한 신앙의 언어입니다.
오늘 내가 마주친 이들을 유쾌하고 따뜻하게 바라보았나요?

년   월   일

027

참된 신앙인

　예수님은 십자가 상에서 당신을 못 박는 사람들을 용서해 달라고 성부에게 기도하셨고, 위기의 순간에 스승을 저버린 못난 제자들을 부활 후에 다시 부르셔서 사도로 삼으셨습니다. 또한 당신을 세 번이나 배반했던 베드로에게 교회를 이끌어 나갈 목자의 직무를 맡기셨습니다. 이렇게 무조건이고 헌신적인 사랑, 상황과 기분에 따라 이랬다저랬다 하지 않는 항구한 사랑이 바로 하느님이 우리에게 베푸시는 사랑입니다.

　하느님은 우리가 당신과 하나 되어 당신의 참된 사랑 안에서 진정으로 행복하기를 원하십니다. 그래서 우리를 당신과의 친교로 초대하십니다. 신앙인은 그 초대에 응답하는 사람입니다. 그러나 단 한 번 하느님의 초대에 응답했다고 해서 신앙인이 되는 것은 아닙니다. 신앙인은 그 응답이 흔들림 없이 굳건해지도록 지속적으로 노력하고 애써야 합니다.

《겨자씨 자라나서 큰 나무 되듯이》
손희송 지음

신앙은 단 한 번의 결심이 아니라, 매일 새롭게 이어 가는 응답입니다.
나는 하느님의 초대에 응답하기 위해 어떤 노력을 하고 있나요?

년   월   일

027

생명의 말씀

　우리가 성경을 자주 읽고, 고요한 마음으로 묵상하고, 때로 그 말씀을 필사하다 보면 마음이 열리면서 말씀을 통해 우리에게 다가오시는 그리스도를 만나게 됩니다.
　때에 따라서는 성경을 학문적으로 분석하고 깊이 이해하는 것도 필요합니다. 하지만 그에 앞서 성경 말씀을 하느님이 우리 각자에게 건네시는 말씀으로 받아들이고 마음속에 간직하려는 열린 자세를 갖추는 것이 중요합니다. 그럴 때 성경 말씀은 희망과 힘을 주는 생명의 말씀이 되어 우리의 생각과 삶을 긍정적으로 변화시킬 것입니다.

《겨자씨 자라나서 큰 나무 되듯이》
손희송 지음

열린 마음으로 성경을 대할 때, 말씀은 나를 변화시키는 힘이 됩니다.
나는 성경 속 어떤 구절에 가장 큰 영향을 받았나요?

년   월   일

진심 어린 기도

때때로 우리는 사랑하지만 어려운 상황에 놓여 있고 도와줄 수도 없는 누군가를 위해 기도합니다. 무엇이 옳은지 모를 때도 있고, 가장 사랑하는 사람에게 도움이 되는 말조차 발견해 낼 수 없는 때도 있습니다. 누군가를 돕기 위해 목숨마저 다 바칠 준비가 되어 있지만, 침묵하는 것 외에는 할 수 있는 일이 없음을 깨달을 때도 있습니다.

이러한 마음일 때 모든 것을 주님께 맡기고 이렇게 말할 수 있습니다.

"주님, 당신께서는 모든 것을 알고 계시며 당신의 사랑은 완전하십니다. 당신께 제 모든 것을 맡깁니다. 저는 할 수 없지만 당신께서는 하실 수 있습니다."

기도는 헌신이기에 우리가 도와주려는 마음을 지니지 않는다면 타인을 위해 진심으로 기도할 수 없습니다. 주님께서 "내가 누구를 보낼까? 누가 우리를 위하여 가리오?"(이사 6,8)라고 말씀하시는 것을 듣고 "제가 있지 않습니까? 저를 보내십시오."(이사 6,8)라고 말할 준비가 되어 있어야 합니다.

《살아 있는 기도》
안토니 블룸 지음, 김경희 옮김

진심 어린 기도는 누군가를 도와주려는 헌신의 마음에서 나옵니다.
지금 가장 돕고 싶은 이는 누구이며, 이유는 무엇인가요?

년   월   일

028

기도하는 방법

　요한 클리마코 성인은 집중력을 높일 수 있는 간단한 방법을 가르쳐 줍니다. 주님의 기도나 다른 기도를 하나 택한 후 하느님 앞에 서서 자신이 어디에 있는지, 무엇을 하고 있는지 인지하며 기도문을 주의 깊게 발음하라고 합니다.

　어느 정도 시간이 지나면 자신의 생각이 배회하고 있음을 깨닫게 될 것입니다. 그때 주의 깊게 발음한 마지막말이나 문장부터 다시 기도를 시작해 보라고 합니다. 열 번, 스무 번, 혹은 백 번을 반복할 수도 있습니다. 정해진 시간 동안 세 문장, 세 가지 청원만 외우고 더 나가지 못할지도 모릅니다.

　그러나 이렇게 노력하는 동안 기도문에 집중했을 것입니다. 그렇게 되면 기도문을 진지하고 침착하고 정중하게 하느님께 바치게 됩니다. 그리고 깨닫지 못한 기도는 바치지 않게 됩니다.

《살아 있는 기도》
안토니 블룸 지음, 김경희 옮김

반복은 무의미한 되풀이가 아니라, 깊은 만남을 위한 준비입니다.
기도에 더 깊이 집중하기 위해 오늘 무엇을 할 수 있을까요?

년   월   일

경배의 습관

    우리는 일이나 그 밖의 다른 행동을 할 때, 독서나 글쓰기처럼 정신적인 일을 하거나 통성 기도 같은 외적인 경배를 드릴 때에도, 잠깐씩 중단하고 우리 마음속 깊은 곳에서 하느님께 경배를 드려야 한다. 가능한 자주, 때로는 그저 스쳐지나듯이, 몰래라도 그렇게 해야 한다.

    우리가 일하는 동안 하느님께서 우리 앞에 계시다는 것, 우리 영혼의 중심에 계시다는 것을 알고 있다면, 적어도 잠깐씩이라도 외적인 일을 멈추고 시선을 안으로 향하여 그분을 경배하고 찬미하고 마음을 바치고 감사를 드리지 않을 이유가 있겠는가? 하루에도 수천 번씩 모든 피조물을 떠나 마음속으로 물러가 그분을 경배하는 것 이상으로 하느님께서 흡족해하실 일이 있겠는가?

    이처럼 마음속으로 하느님께 돌아가는 일은 피조물들 가운데 있는 자만심으로부터 우리를 차츰 벗어나게 해 줄 것이다.

《하느님의 현존 연습》
콩라 드 메스테르 엮음, 최애리 옮김

바쁜 일상 중에도 하느님을 향한 마음은 이어질 수 있습니다.
나는 하루 중 얼마나 자주 하느님께 마음을 바치나요?

년   월   일

자주, 더 깊이

　인생의 수많은 위험과 암초는 하느님의 실제적이고 지속적인 도움 없이는 피할 수 없습니다. 그분께 계속 청해야 합니다. 그분과 함께 있지 않고서 어떻게 청하겠습니까? 그분을 자주 생각하지 않고서 어떻게 그분과 함께 있겠습니까? 거룩한 습관에 의해서가 아니라면 어떻게 그분을 자주 생각하겠습니까?

　사랑하기에 앞서 알아야 하고, 하느님을 알기 위해서는 자주 그분을 생각해야 합니다. 그리고 우리가 하느님을 사랑하게 되면 좀 더 자주 그분을 생각하게 될 것입니다. 우리 보물이 있는 곳에 우리 마음도 있는 법입니다. 그분을 자주, 더 깊이 생각하시기 바랍니다.

《하느님의 현존 연습》
콩라 드 메스테르 엮음, 최애리 옮김

하느님을 사랑하기 위해서는 먼저 그분을 자주 생각해야 합니다.
지금, 마음속으로 하느님과의 만남을 떠올려 보세요.

년   월   일

그리스도인의 행복

 그리스도인은 행복을 요구하지 않는다. 예수님께서는 그리스도인에게 아버지의 이름이 거룩하게 되고, 그분의 나라가 오게 하며, 그분의 뜻이 이루어지도록 청할 것을 가르치신다.
 그리스도인은 행복을 기다리지 않는다. '정의가 살아 있는' 새로운 하늘과 새로운 땅을 기다린다.
 그리스도인은 행복을 갈망하지 않는다. 정의에 굶주리고 목말라한다. 그리고 영원한 생명에 갈증을 느낀다.
 그리스도인은 행복을 기대하지 않는다. 하느님의 영광을 보길 기대한다.
 "당신의 영광이 나타날 때 저는 흡족하리이다."
 이 모든 것이, 아니 이것만이 행복일 수 있다.

《역설들》
앙리 드 뤼박 지음, 곽진상 옮김

그리스도인의 참된 행복은 하느님의 이름과 영광 안에 있습니다.
나에게 행복이란 무엇인가요?

년   월   일

하늘의 시민

　참여는 이론과 실천 사이에 언제나 존재하는 간격을 좁히며 인내를 전제한다. 참여는 우리의 중대한 잘못인 '말의 남발'과 어울리지 않는다. 옛 로마 전례는 기도에 전념하는 것과 엄격한 절제도 가르쳐 준다. 그리스도교 신앙과 감정은 절제 안에서 표현되어야 하지만, 우리는 마침내 행동할 준비, 증언할 준비가 되어 있다는 것을 느껴야 한다.

　그러나 그리스도교 참여와 현세적 참여를 혼동하지 말자. 현세적 참여는 하나의 의무일 수 있고, 때로는 그리스도인에게 긴급히 요청될 수 있다. 그러나 그리스도교적 참여와는 다른 것이다.

　그리스도인의 신앙 고백은 무엇보다 영적인 참여를 요구한다. 영적인 요구는 그리스도인의 첫 번째 도시인 하느님의 도성을 향한 참여의 요구다.

　"우리는 이 땅에 영원한 도성을 갖고 있지 않습니다. 우리는 하늘의 시민입니다."

《역설들》
앙리 드 뤼박 지음, 곽진상 옮김

그리스도교적 참여는 영원한 도성을 향한 믿음의 여정입니다.
하늘의 시민으로서 오늘 내가 할 수 있는 일은 무엇인가요?

년   월   일

기도하는 마음

 사람들이 그분께 한 말씀 더 해 달라고 청하면, 기도하는 사람만 구원받을 수 있으므로 항상 기도해야 한다고 하셨습니다. 어떻게 기도해야 하느냐고 다시 물어보면 그분은 이렇게 대답하셨어요.
 "마음과 정신을 다해서 기도해야지요. 정신 없이 마음만 가지고 기도하면 소용이 없어요."
 그분은 우리가 영혼을 다 바쳐 기도해야 한다고 말씀하셨습니다. 사람들이 "저는 집중해서 기도할 수가 없는데요" 하면, 비오 신부님께서는 이렇게 대답하셨죠.
 "그러면 차라리 성모님 앞에 가서 아무 말도 하지 않는 게 나아요. 성모님을 위해서 시간을 내는 것으로 충분합니다. 주님께서는 우리가 그분을 위해서 바치는 시간만으로도 행복해하십니다."

《오상의 비오 신부》
존 A. 슈그 엮음, 송열섭 옮김

기도는 주님께 마음과 시간을 온전히 드리는 일입니다.
평소 나는 어떤 모습으로 기도하고 있나요?

년   월   일

031

연옥을 위한 기도

어느 날, 그분이 나에게 묵주를 주시며 말씀하셨지요.

"기도하고, 기도하고, 또 기도하게. 우리가 연옥을 텅 비게 하고, 연옥의 모든 영혼을 구할 수 있도록 해야 하네."

여기에 내가 무슨 말을 더할 수 있겠습니까? 그분은 손에 묵주를 들고 밤낮으로 기도하셨습니다.

신부님이 돌아가시기 며칠 전에 "신부님, 저에게 한 말씀만 해 주십시오."라고 했더니 이렇게 말씀하셨습니다.

"성모님을 사랑하게. 사람들이 그분을 사랑하게 하고 묵주 기도를 바치게 하게. 그것이 바로 악에 대항하는 갑옷과 투구이네."

그래서 내가 "성모님이 신부님 가까이 계십니까?" 하고 물었고, 그분은 "어머니……." 하시더니 "어머니는 당신의 자녀들에게 관심이 아주 많으시지. 낙원도 그분께 가까이 있다네." 하셨습니다.

《오상의 비오 신부》
존 A. 슈그 엮음, 송열섭 옮김

기도는 영혼을 구하는 가장 강력한 힘입니다.
'연옥의 영혼들'을 위해 기도해 보세요.

년   월   일

구원을 주신 분

거룩하신 성모님, 비탄에 빠진 이를 구해 주시고
낙담한 이들을 도와주시며, 약한 이들을 격려해 주소서
저희를 위해 빌어 주소서, 사제들을 위해 역사하소서
축성된 여인들을 위해 전구해 주소서
당신의 기억을 기념하는 이들이
그 모두가 당신의 자애로운 도움을
체험할 수 있기를 바라나이다
당신께 비는 이들의 목소리에 귀 기울여 주시고
모든 이의 소망을 이루어 주소서
하느님의 백성을 위한 당신의 한결같은 전구가
당신의 과업이 되게 하소서
세상에 구원을 주신 분
영원히 살아 계시며 다스리시는
그분을 낳을 자격을 얻으신
오 복된 이이시여

《성모님께 바치는 찬가들》
코스탄테 베르셀리 · 제오르제스 가리브 엮음, 이인섭 옮김

성모님께서는 우리들을 위로하고 구해 주시는 자애로운 분이십니다.
나에게 성모님은 어떤 분이신가요?

년   월   일

빛으로 이끄시는 분

모든 억압의 사슬을 부수시고
앞 못 보는 이들에게 빛을 주소서
모든 사람에게 악을 멀리 쫓아 주시고
그들에게 선을 전구해 주소서
모든 이가 당신께서 저희의 어머니이심을 알게 하시고
그리스도께 저희의 기도를 보여 주소서
당신의 아드님이 되신 그분께선
자비하시어 이를 받아들이시나니
빼어나신 동정녀시여, 감미로우시고 사랑스러우신 분
저희를 저희 죄에서 해방시켜 주소서
저희를 겸손하고 깨끗하게 하시고 평온한 날을 저희에게 허락하소서
당신의 아드님을 만날 때까지
저희의 여정을 비추어 주시어
하늘나라에서 기뻐하며 그분을 뵈옵게 하소서!

《성모님께 바치는 찬가들》
코스탄테 베르셀리·제오르제스 가리브 엮음, 이인섭 옮김

성모님께서는 우리를 인도하여 영원한 기쁨에 이르게 하십니다.
성모님의 사랑에 보답하기 위해 나는 무엇을 할 수 있을까요?

년   월   일

영적 통찰의 선물

    십자가에 못 박혀 돌아가시고 부활하신 예수님께서 어떻게 우리 가운데 살아 계시며, 우리가 그분을 어떻게 만날 수 있는지를 이해하기 위해서는 영적 통찰이 필요합니다. 성령이 우리 가운데서 어떻게 작용하시며, 성령에 힘입어 우리가 어떻게 활기차게 지낼 수 있는지를 이해하기 위해서는 영적 통찰이 필요합니다.

    우리 시대에 이 통찰은 세속주의와 종교적 무관심의 현상 앞에서, 우리 사회를 무미건조하게 만드는 현상 앞에서 영혼을 잃어버리지 않기 위해서라도 대단히 중요합니다.

    우리 시대에 하느님의 신비에 대한 통찰이란 돌 틈에서도 피어나는 꽃을, 푸르른 초원을, 아름다운 정원을 발견하는 선물이라고 말할 수 있습니다. 이를테면 영적 통찰은 사회의 시든 얼굴이 웃음꽃을 피워 변화되도록 공기와 물과 빛을 주는 선물입니다.

《성령의 약속, 마르티니의 영신 수련》
카를로 마리아 마르티니 지음, 이건 옮김

영적 통찰은 공기와 물과 빛처럼 내 삶에 활력을 불어넣는 선물입니다.
내 일상의 순간을 어떻게 바라보면 좋을까요?

년   월   일

033

공경의 선물

　공경의 선물은 다른 사람들과 더불어 사는 가운데서 온전히 드러납니다. 우리는 그것이 인간관계 안에 자리하는 감성의 선물로, 모든 이를 정겹고 친절하게 대하는 것임을 압니다.

　문득 바오로 6세 교황 성하가 생각납니다. 성하께서는 모든 사람을 존중하고 모든 사람과 다정하고 친절하게 어울려야 한다는 것을 너무나 잘 아는 은총을 받았다고 말씀하셨지요. 실제로 우리가 공경의 영을 갖고 아버지이신 하느님 앞에 서 있다면, 모든 사람이 하느님의 사랑을 받는 그분의 자녀임을 깨닫는 것은 아주 자연스러운 일입니다.

　따라서 공경의 선물은 일상생활 안에, 가정생활 안에, 하루하루의 관계 안에 깃든 선물이며, 그 모든 것을 아름답고 즐겁고 유쾌하게 바꾸어 줍니다. 공경의 선물은 가시 같은 비탄과 불목을 없애 주고, 우리 관계의 모난 곳을 부드럽게 해 줍니다.

《성령의 약속, 마르티니의 영신 수련》
카를로 마리아 마르티니 지음, 이건 옮김

공경의 선물은 일상 속 모든 관계를 하느님의 사랑으로 물들게 합니다.
이 선물을 받은 우리는 어떤 모습으로 살아가야 할까요?

년   월   일

겸손의 자세

 제가 35년간 사제로 살아오면서 가장 보람 있었던 순간은 고해소에서 많은 죄로 신음하던 이들이 죄를 다 털어놓고 눈물을 흘리며 기뻐하는 모습을 볼 때였습니다. 더구나 제가 젊은 사제로서 고해소에 있을 때 국회 의원, 법관, 대학 교수들이 무릎을 꿇고 죄를 고백하는 모습을 보면서 그들의 겸손한 자세가 하느님께 얼마나 큰 기쁨이 될 것인가에 대해 생각하게 되었습니다.

 인간은 누구나 하느님 앞에 죄인입니다. 하느님의 무거운 심판을 거부할 수 있는 사람은 아무도 없습니다. 진정 한 인간인 신부 앞에서 하느님의 용서를 청하는 그러한 겸손한 자세가 없다면, 어떻게 감히 우리가 주님 앞에서 죄의 용서를 받을 수 있겠습니까?

《천주교와 개신교》
박도식 지음

우리들의 고백과 겸손은 하느님께 큰 기쁨이 될 수 있습니다.
하느님 앞에서 나의 마음가짐은 어떠한가요?

년   월   일

청빈, 정결, 순명

　수도회의 기본 정신은 다음 세 가지로 모두 공통됩니다. 즉 청빈, 정결, 순명입니다.

　청빈은 예수님처럼 가난하게 어떠한 소유 없이 사는 생활, 즉 물질 속에 살지만 물질을 초월하는 생활입니다.

　그리고 둘째로, 정결은 지금까지 말씀드렸듯이 독신 생활을 통해 전인격을 하느님께 봉헌하는 생활입니다.

　세 번째는 순명, 즉 하느님의 복음 정신에 순종하면서 교회의 가르침에 순종하고 동시에 수도원 장상들에게 순종하는 정신입니다. 예수님이 성부의 뜻에 순종하여 십자가를 지신 것처럼 하느님의 어떠한 말씀에도 전적으로 자신을 헌신하는 순종의 생활입니다.

《천주교와 개신교》
박도식 지음

수도 생활은 세 가지 덕목을 통해 하느님께 나아갑니다.
수도자의 생활에서 내가 본받고 싶은 정신은 무엇인가요?

년   월   일

035 두 가지 선택

예수께서 사도들에게 내리신 명령을 들어 보라.

"그러므로 너희는 가서 모든 민족들을 제자로 삼아, 아버지와 아들과 성령의 이름으로 세례를 주고, 내가 너희에게 명령한 모든 것을 가르쳐 지키게 하여라. 보라, 내가 세상 끝날까지 언제나 너희와 함께 있겠다."(마태 28,19-20)

즉, 사도들과 그 후계자들은 주님의 모든 명령 중 마음에 드는 것만을 골라 가르칠 수 없다. 오직 주님께서 알려 주신 모든 것을 가르칠 의무만이 있을 뿐이다. 따라서 우리도 그중에서 마음에 맞는 것만 골라서 믿는 것이 아니라, 주님께서 가르쳐 주신 그 모든 것을 믿고 따라야 한다.

그러므로 우리 앞에는 두 가지 선택지가 있다. 주 예수가 가르치신 모든 것을 전폭적으로 믿고 실행하는 것, 아니면 주님께서 우리가 마음에 드는 것만을 선택하여 신봉하는 것을 묵인하고 허락하시는 것을 통해 구원받든지, 이 둘 중 하나일 수밖에 없다. 그러나 주님께서는 오직 자신이 가르치신 모든 것을 믿고 따라올 것을 요구하신다.

《교부들의 신앙》
제임스 C. 기본스 지음, 장면 편역

신앙은 주님의 모든 말씀을 온전히 따르는 것입니다.
주님의 말씀 중 가장 지키기 어려운 것과 그 이유는 무엇인가요?

년   월   일

예식의 의미

　매일 조물주 앞에 나아가 주를 찬송하고 경건한 태도로 십자 성호를 그으며, 교회의 모든 예식에 자진 참석하고 성당 안에서 근엄히 예의를 지키며 힘닿는 대로 가난한 이를 돕는 신자가 있다고 하자. 그는 마음이 하느님과 일치된 사람으로서 그분의 명을 성실히 지키는 사람이다.

　그러나 교회의 모든 전례를 상습적으로 지키지 않고, 가난한 이를 불쌍히 여기지 않는 사람치고 하느님께 애정을 가진 사람이 어디 있겠는가. 이런 사람은 대개 주님을 사랑하는 불꽃이 이미 꺼졌거나 그렇지 않으면 그 여진만을 겨우 지닌 자들이다.

　교회 예식은 그 식전을 장엄하게 할 뿐 아니라 우리의 마음을 하느님께 집중시킨다. 사람의 마음은 변화무상하여 흐트러지기 쉬우며, 그런 마음은 정처 없이 떠다니는 것이므로 어떤 외적인 객체에 정착시켜 그 물체가 표상하는 본원에 집중시켜야 한다.

《교부들의 신앙》
제임스 C. 기본스 지음, 장면 편역

전례는 신앙의 생명을 지켜 주는 소중한 울타리입니다.
주님을 사랑하는 불꽃을 지키기 위해 내가 해야 할 일은 무엇인가요?

년   월   일

036

모두의 성소

　사람으로 태어났다는 사실 하나만으로도 이미 하느님으로부터 부르심을 받은 것이다. 다시 말하면 사람은 하느님의 사랑으로 태어났고, 그렇기 때문에 하느님에게서 부르심을 받았다고 할 수 있다. 지혜서의 저자는 주님에 대해 이렇게 말한다.

　"당신께서는 존재하는 모든 것을 사랑하시며 당신께서 만드신 것을 하나도 혐오하지 않으십니다. 당신께서 지어 내신 것을 싫어하실 리가 없기 때문입니다. 당신께서 원하지 않으셨다면 무엇이 존속할 수 있었으며 당신께서 부르지 않으셨다면 무엇이 그대로 유지될 수 있었겠습니까? 생명을 사랑하시는 주님 모든 것이 당신의 것이기에 당신께서는 모두 소중히 여기십니다."(지혜 11,24-26)

　인간은 누구나 하느님의 부르심을 받아 그분의 사랑 속에 태어나서 그분의 보살핌을 받으면서 살아간다. 이렇게 하느님의 사랑을 받으며 태어난 인간은 우선 자신을 사랑하고 긍정적으로 받아들여야 하는 소명을 지닌다.

《우리는 혼자가 아닙니다》
손희송 지음

하느님의 부르심을 받은 우리는 그분의 사랑에 응답하며 살아가야 합니다.
오늘 나는 하느님의 부르심에 어떻게 응답하고 있나요?

년   월   일

036

나의 꽃씨

2001년 3월, 서울 홍제동 연립 주택 화재 현장에서 진화 작업을 하던 소방관들이 한꺼번에 순직한 일이 있었다. 그중 한 사람이 죽기 전에 쓴 편지에는 다음과 같은 내용이 있었다.

"누군가를 위해서 기꺼이 목숨을 내어놓을 수 있는 것, 얼마나 아름답고 숭고한 것인가? 그래서 나는 이 직업을 성직聖職으로 여긴다네."

이 소방관은 하느님이 주신 꽃씨를 찾아서 아름답게 꽃피운 사람이다.

나의 고유함을 찾아서 잘 살린다면, 그래서 내가 보람을 느끼고, 남에게 유익이 된다면, 그것이 바로 거룩한 삶이다. 반대로 나의 고유함을 제대로 찾지 못하고 남의 것만 바라보고 부러워하고 질투하는 삶을 산다면, 하느님의 마음을 상해 드리는 것이 아닐까? 마치 자신의 길을 찾지 못해 우왕좌왕하는 자식을 보는 부모의 마음이 아프듯이 말이다. 하느님의 사랑 속에 태어난 우리는 각자 자신의 고유함을 찾아내어 가꾸고 다듬어서 세상을 풍요롭게 만드는 사람으로 부르심을 받았다.

《우리는 혼자가 아닙니다》
손희송 지음

자신의 고유함을 충실히 가꾸는 삶은 하느님의 사랑에 대한 참된 응답입니다.
내가 지닌 가장 아름다운 '꽃씨'는 무엇인가요?

년   월   일

037 진리이신 하느님

    본질적으로 진리, 하느님은 거짓 또는 오류와 양립할 수 없다. 진정한 하느님은 본질적으로 진리의 하느님이다. 모든 교리서에서 가르치듯이, 하느님은 진실을 외면할 수도 없고 우리를 기만할 수도 없다. 바로 여기에 그분의 말씀, 그분의 판단, 그분의 약속이 지닌 최고의 권위가 뿌리를 둔다.
    여하한 오류와 거짓의 그늘도 하느님의 존재와는 절대로 양립할 수 없다. 그러므로 하느님께 가까이 나아가고자 하는 사람은 모두 더할 나위 없이 진리를 존중하고 하느님을 향해 나아가야 한다.

《삼위일체론》
루카스 마태오 세코 지음, 윤주현 옮김

우리는 무한히 진실하신 하느님 앞에 온 마음으로 나아가야 합니다.
진실하신 하느님 앞에서 나는 어떤 모습이고 싶나요?

년   월   일

존재의 근원이신 분

하느님은 자신 안에 존재의 근거를 갖고 계신다. 그분 이외에 존재하는 것은 그 어떤 것도 자신 안에 자기 존재의 근거를 갖고 있지 못한다. 창조된 존재라 함은 자신이 가진 모든 것뿐만 아니라 자기自己 전 존재를 하느님으로부터 받았음을 의미한다. 이는 하느님께서 염두에 두고 계획하며 존재로서 지탱시켜 주는 한에서 모든 것이 존재한다는 것을 의미한다.

자연적인 현상 또는 역사적인 사건 속에서 일어나는 모든 것은 하느님께서 그것을 원하기 때문에 또는 그것을 —그것이 비록 당신의 뜻에 반대된다 할지라도— 허락하기 때문에 일어난다.

《삼위일체론》
루카스 마태오 세코 지음, 윤주현 옮김

우리는 스스로 존재하시는 하느님으로부터 비롯됩니다.
하느님께서 태초에 계획하신 나의 모습은 어떠했을까요?

년   월   일

언제나 우리 곁에

　전지전능하시며 영광과 모든 완전성을 무한히 누리시는 하늘과 땅의 창조자이신 하느님의 진짜 본성은 우리 눈이 꿰뚫어 볼 수 없는 신비라는 베일로 가려져 있다.
　그러나 우리 사이에 거처하셨고 우리를 당신 친히 죽기까지 사랑하였으며 우리로 하여금 하느님의 정신과 마음을 가장 깊이, 가장 잘 통찰하게 해주시는 예수 그리스도가 바로 강생하여 사람이 되신 하느님이시다.
　우리 주님이신 성자로 말미암아 드러났고, 성자의 성심으로써 언제나 우리 앞에 상징되는 하느님의 사랑 속에 항구함으로써 우리는 최상의 상주자常住者이신 실재, 곧 하느님께 견고한 닻을 내리게 된다.

《참신앙의 진리》
존 오브라이언 지음, 정진석 추기경 편역

우리는 예수님을 통해 하느님의 사랑과 완전함을 깨달을 수 있습니다.
주님께서 우리 곁에 머무르신 이유는 무엇일까요?

년   월   일

늘 빛나는 사랑

　성체 안에 계시는 그리스도의 사랑은 여러분을 끊임없이 뒤쫓고 있다. 이 영원한 사랑은 교회 전례라는 융합의 과정을 거쳐 성체등이라는 별로 표현되어 바삐 일하는 낮뿐만 아니라 고요한 밤중에도, 어두컴컴한 저녁에서부터 새벽 동이 트기까지 줄곧 그의 사랑과 현존의 표지로 성당에서 불타고 있다. 여러분이 하늘에 반짝이는 별을 볼 때 말없이 우리가 찾아오기를 고대하는 성체등을 연상하지 않겠는가?

　한 해 걸러 한 번씩 세계 각국에서 개최하는 성체 대회에 세계 방방곡곡으로부터 참가하는 수백만 명의 순례자들 틈에 적어도 정신적으로라도 참가하여, 이 세상의 무관심이라는 냉대를 받고 계시는 그리스도의 심장을 구하지 않겠는가? 이 세상 한복판에 내던져진 그리스도의 심장을 진정으로 구해 낸다고 입으로만 외쳐 댄다면, 여러분은 부끄럽지 않겠는가? 그렇다면 일요일이 아닌 여느 날에도 성체의 임금님을 자주 찾아뵙고, 영성체로써 거룩한 마음을 자주 우리 마음에 모셔야 하겠다.

《참신앙의 진리》
존 오브라이언 지음, 정진석 추기경 편역

성체 안에 계신 그리스도께서는 우리를 밤낮없이 기다리십니다.
성체를 더 자주 경배한다면 내 삶이 어떻게 달라질까요?

년   월   일

고해성사

요한 복음서에서 예수님께서는 최초의 주교들인 사도들에게 죄를 용서하거나 그대로 둘 권한을 주셨다. 그분께서 하느님께 받은 권한과 똑같은 권한을 주시며 사도들을 파견하신 것이다.

오늘날 사제들은 성품성사를 통하여 받은 권위로 죄를 용서해 주거나 그대로 둘 권한을 가지고 있다. 그러니 기회가 있을 때마다 고해성사를 드리며 영혼을 구원하는 하느님의 풍요로운 자비를 받아들일 필요가 있다.

자기가 지은 죄를 고백하는 것을 꺼리거나 두려워할 필요는 없다. 성경에 등장하는 방탕한 아들처럼 하느님 아버지께 나아가 용서를 간청하면, 그분께서는 언제나 우리를 기꺼이 끌어안아 주시며, 우리에게 사랑과 자비를 베풀어 주실 것이다.

《전례에 초대합니다》
안드레아 자크만 지음, 강대인 옮김

우리는 고해성사를 통해 하느님의 자비를 체험하며 구원을 향해 나아갑니다.
고백에 앞서 마음 속 두려움을 내려놓을 준비가 되었나요?

년   월   일

복음의 중요성

　최초의 사도들이 하나둘 세상을 떠나기 시작했을 때, 그리스도의 재림을 기다리던 교회의 구성원들은 사도들에게 직접 들은 증언을 기록해 둘 필요가 있다고 여겼다. 특별히 하느님의 영감을 받은 것으로 여기는 네 복음서는 마태오, 마르코, 루카, 요한의 복음서다. 복음서를 자처하며 돌아다닌 다른 글들도 있었지만, 이 네 복음서만 초기 교회에서 보편적으로 받아들여졌다.

　마태오 복음사가와 요한 복음사가는 예수님의 제자들이었다. 그리고 마르코 복음사가와 루카 복음사가는 각기 베드로 사도와 바오로 사도의 제자였다. 복음 봉독은 초기부터 미사에서 영예로운 자리를 차지해 왔다. 이는 교부들의 기록을 통해 알 수 있다. 또한 하나 이상의 독서대가 있는 성당에서 더 높은 자리에 있고 더 많은 장식을 한 자리에서 복음을 봉독했다는 사실에서도 그 중요성을 알 수 있다.

《전례에 초대합니다》
안드레아 자크만 지음, 강대인 옮김

복음은 예수님의 삶과 하느님 나라의 기쁜 소식을 증언한 소중한 기록입니다.
나는 복음서 속 어떤 말씀을 특히 중요하게 생각하고 있나요?

년   월   일

자기만의 길

영적 여정을 시작한 우리 각자는 결코 프란치스코 성인이나 데레사 성녀가 되어서는 안 됩니다. 그분들에게 배울 것은 천상을 향해 나아가는 과정에서 우리에게 가르쳐 준 보편적인 영성의 원리이지, 그분들이 간 길을 그대로 가라는 것이 아닙니다.

각 성인은 고유한 인격, 기질과 성격, 삶의 자리를 바탕으로 천상을 향한 자신만의 길을 찾았습니다. 우리도 각자의 길을 찾아야 합니다. 그 길은 하느님께서 영원으로부터 미리 준비하신 여러분 각자를 향한 원대한 계획이 실현되는 길이자, 이승의 삶을 마치고 천상에서 하느님 곁에 머무를 여러분의 고유한 모습을 만들어 가는 길입니다.

《영성, 하느님을 바라보다》
윤주현 지음

우리는 하느님께서 각자에게 준비해 주신 고유한 길을 걸어야 합니다.
하느님께서 나를 위해 준비하신 길은 어떤 모습일까요?

년   월   일

나의 색깔

우리는 각자의 신분이 지닌 바탕색에 개별적인 색채를 가미해 고유한 영성의 색깔을 구현해야 합니다. 그것이 바로, 나 자신만이 갈 수 있는 고유한 영성의 길입니다. 하느님께서 씨앗처럼 선물로 주신 내 존재의 고유함, 고귀함을 발견하고 이를 실현시키는 가운데 진정한 내가 되는 것, 그것이 곧 영성입니다.

하느님께서 내게 주신 고유한 가치를 발견할 때 나는 나로서 풍요롭고 평안해집니다. 하느님은 나를 다른 사람과는 전혀 다른 고유한 존재로 이 땅에 존재케 하셨습니다. 그 무엇과도 비교할 수 없는 고유한 사랑으로 나를 사랑하셨고 지금도 사랑하고 계십니다. 그 유일무이한 사랑이 세상에 가시적으로 드러난 사건이 다름 아닌 '나'라는 존재입니다. 하느님께서 선물로 주신 내 존재의 소중함을 깨달을 때, 비로소 나를 다른 사람들과 비교하는 것을 멈추게 됩니다.

《영성, 하느님을 바라보다》
윤주현 지음

하느님께서는 나를 비교할 수 없는 고유한 존재로 창조하셨습니다.
진정한 나는 어떠한 사람인가요?

년   월   일

041

사람을 위한다는 것

　전쟁 때 병원에서 외과 의사로 일한 적이 있습니다. 어느 날 총에 맞아 손가락을 다친 독일인이 찾아왔어요. 외과 과장이 와서 보더니 자르라고 간단히 말하더군요. 손가락을 자르는 데는 5분밖에 걸리지 않습니다. 그런데 그 독일인이 "독일어 할 수 있는 사람 있습니까?" 하고 물었습니다.
　제가 그 사람과 대화를 했습니다. 그가 시계공이며 손가락을 잘린다면 다시는 일하지 못하게 되리라는 걸 알게 되었어요. 우리는 그의 손가락을 5주간 열심히 치료해 주었습니다. 결국 그 독일인은 손가락이 다 나아서 퇴원했습니다. 이때 저는 인간을 무엇보다 중요하게 여겨야 한다는 점을 배웠습니다. 그가 시계공이었기에 우리는 치료가 더 어렵고 시간이 많이 걸려도 손가락을 살리는 쪽으로 방법을 변경한 것이거든요.
　인간을 중요하게 여겨야 한다는 점을 깨달아야 기도를 할 수 있게 됩니다. 그제야 하느님 앞에 서서 그분을 바라보고 그분과 함께 항구한 기도를 시작하게 되는 것입니다.

《기도의 체험》
안토니 블룸 지음, 김승혜 옮김

기도는 하느님 앞에서 인간을 귀하게 여기는 마음에서 시작됩니다.
누군가의 사정을 깊이 들여다본 뒤 새로 깨달은 점이 있나요?

년   월   일

그분께 맡기다

제 목표는 주어진 환경 안에서 사는 것이고, 그 환경을 온전히 받아들이면서도 또 거기에서 자유로운 것입니다. 저는 제 활동의 결과를 재지 않습니다. 그건 하느님께 맡기지요. 제가 자신에게 하는 질문은 이것뿐입니다.

'이 순간에 내가 해야 할 일은 무엇인가?'

'난 무엇을 말해야 하는가?'

우리가 할 수 있는 일은 매 순간을 힘닿는 데까지 충실하게 사는 것뿐이고, 그다음에는 하느님께서 우리를 쓰시도록, 때로는 우리의 결점까지도 쓰시도록 그분께 맡겨 드리는 것입니다.

《기도의 체험》
안토니 블룸 지음, 김승혜 옮김

지금 해야 하는 일에 마음을 다할 때 하느님과 더 깊이 연결될 수 있습니다.
지금 이 순간, 내가 집중해야 하는 것은 무엇인가요?

년   월   일

깊은 기도

    기도의 뿌리는 내적 침묵이다. 우리는 기도가 생각과 느낌을 말로 표현한 것이라고 생각할지도 모른다. 그러나 이것은 한 가지 표현일 뿐이다. 깊은 기도는 생각을 옆으로 제쳐 두는 것이다. 이것은 말과 생각과 정서를 넘어서 절대 신비이신 하느님에게 정신과 마음, 육신과 느낌 등 우리 전 존재를 열어 드리는 것이다.

    우리는 그것들에 저항하거나 그것들을 억압하지 않는다. 우리는 그것들을 있는 그대로 받아들이고 그것들을 넘어서는데, 이는 노력에 의해서가 아니라 단지 그것들이 지나가도록 놓아둠으로써 이루어진다.

    우리는 우리 안에 숨결보다 가깝고, 생각보다 가까우며, 선택보다 가깝고, 의식 그 자체보다 가까이 계심을 믿음으로 알고 있는 그 절대 신비에게 인식을 열어 드린다. 절대 신비는 우리 존재가 뿌리내리고 있는 바탕이며 매 순간 우리의 생명이 솟는 원천이시다.

《마음을 열고 가슴을 열고》
토마스 키팅 지음, 이청준 옮김

깊은 기도는 말과 생각을 넘어 하느님께 온 존재를 여는 일입니다.
내가 하느님께 온전히 마음을 열기 위해서는 무엇을 해야 할까요?

년   월   일

하느님의 품속으로

하느님께서는 우리를 양팔로 안으신다. 왼팔로는 우리를 낮추시고 잘못을 고쳐 주신다. 오른팔로는 우리를 들어 올리시고 그분께 사랑받는다는 확신을 갖도록 위로해 주신다. 주님께 온전히 안기기를 바란다면 당신은 두 팔을 모두 받아들여야 한다. 정화를 위해 고통을 허락하는 팔과 일치의 기쁨을 가져오는 팔을 다 받아들여야 하는 것이다.

육체적 고통을 느끼거나 심리적 투쟁에 휘말려 있으면, 하느님께서 당신을 특별히 꽉 껴안고 있다고 생각하라. 시련은 타오르는 사랑의 표현이지, 거부의 표현이 아니다.

《마음을 열고 가슴을 열고》
토마스 키팅, 이청준 옮김

하느님께서는 우리를 언제나 힘껏 껴안아 주십니다.
나는 하느님께서 주신 시련을 어떻게 받아들이고 있나요?

년   월   일

043 신앙이 설 자리

  오늘날에도 예수님께서 한 인간으로는 높이 평가받지만 단순히 카리스마를 지닌 '지도자'나 '슈퍼맨' 정도로 축소되는 경우가 적지 않습니다. 이는 비신자들 사이에서만이 아니라 대다수 세례받은 이들 사이에서도 그렇습니다. 그들은 결국 이런 차원에서 사실상 무신론자로 살아갑니다.

  이것이 우리에게 맡겨진 세상입니다. 프란치스코 교황님께서 여러 번 가르치신 대로, 우리는 이 세상에서 구세주 그리스도에 대한 기쁜 신앙을 증언하도록 부름받았습니다. 그러므로 우리에게도 이 신앙 고백을 되새기는 것이 꼭 필요합니다.

  "당신은 살아 계신 하느님의 아드님 그리스도이십니다."

《교황 레오 14세》
도메니코 아가소 지음, 이재협 · 김호열 · 이창욱 · 가비노 김 옮김

우리는 세상 속에서 그리스도를 증언하도록 부름받았습니다.
내가 속한 환경에서 어떻게 복음을 전할 수 있을까요?

년   월   일

인내를 위한 기도

제가 수련자였을 때 일입니다. 한 나이 든 수사님이 우리를 찾아와 간단한 한마디를 남기셨는데, 지금도 제 안에서 울려 퍼집니다.

"끝까지 견디세요."

우리는 그 인내를 위해 기도해야 합니다. 기혼자든 독신자든 수도자든, 누구나 어려운 때를 겪기 때문입니다.

처음 어려움이 닥쳤다고 해서 바로 포기해서는 안 됩니다. 그렇게 하면 인생에서 결코 어디에도 이르지 못할 것이기 때문입니다. 이것이 중요합니다. 인내는 주님께서 기꺼이 주시려는 큰 선물입니다. 하지만 우리는 그것을 받아들여 우리 삶에 뿌리내리는 법을 배워야 합니다. 그래야 강해질 수 있습니다. 인내는 시간을 두고 기르는 은사입니다. 처음에는 작은 시련들을 통해 우리를 더 강하게 만들어 주고, 나중에 십자가가 더 무거워질 때 그것을 감당할 수 있도록 도와줍니다. 인내는 우리가 첫발을 내딛도록 도와주고, 그 후에는 끝까지 걸어갈 수 있도록 붙들어 줍니다.

《교황 레오 14세》
도메니코 아가소 지음, 이재협 · 김호열 · 이창욱 · 가비노 김 옮김

인내는 단숨에 얻는 미덕이 아니라, 시련을 통해 천천히 자라나는 은사입니다.
인내 끝에 어떤 일이 나를 기다리고 있을까요?

년   월   일

044

성모님께 바치는 청원

저는 신부님께 제가 이제부터 무엇을 해야 하느냐고 여쭈었습니다.

"성모님 앞에 무릎을 꿇고, 큰 신뢰를 가지고 그분께 청하도록 해라. 네 마음을 보호해 주시고, 내일 당신의 사랑하시는 아드님을 합당하게 모실 수 있도록 준비시켜 주시며, 또 오직 예수님만을 위해 네 마음을 지켜 주소서, 하고."

성당 안에는 성모상이 하나만이 아니었습니다. 그러나 저의 언니들이 로사리오의 모후의 제단을 꾸미는 일을 했기 때문에 저는 늘 그 앞에서 기도하곤 했습니다. 그래서 이번에도 역시 저는 그곳으로 가서 제 가련한 마음을 홀로 하느님만을 위해 지켜 주시도록 제 영혼의 열정을 다해 성모님께 기도했습니다. 제가 성모상에 두 눈을 고정시킨 채 거듭거듭 이 겸손한 기도를 되풀이하고 있을 때, 마치 성모님께서 저에게 미소하시며, 사랑스러운 시선과 친절한 태도로 저의 청원을 들어주신다는 확신을 주시는 것 같았습니다. 제 마음은 기쁨으로 넘쳐흘러 단 한마디의 말도 할 수 없을 정도였습니다.

《파티마》
루치아 도스 산토스 지음, 대전 가르멜 여자 수도원 옮김

성모님께서는 사랑과 자비로 우리의 간절한 청을 들으십니다.
오늘 내가 성모님께 전구하고자 하는 청원은 무엇인가요?

년   월   일

성모님의 성심

"하느님께서는 티 없이 깨끗하신 마리아의 성심을 통해서 우리에게 은총을 주시고, 또 사람들은 성모님께 은혜를 구해야 하며, 예수 성심께서는 티 없이 깨끗하신 마리아의 성심이 당신과 마찬가지로 모든 사람들에게 공경받기를 원하신다는 것을 모든 사람들에게 말해 줘. 티 없이 깨끗하신 마리아의 성심께 평화를 구하는 기도를 해야 한다는 것도 말해 줘. 왜냐하면 하느님께서는 그것을 성모님께 맡기셨으니까. 내가 만약 내 가슴 속에서 타고 있으면서 나로 하여금 예수님과 성모님의 성심을 그토록 열렬히 사랑하게 하는 그 불을 모든 이들의 가슴 속에 놓아 줄 수만 있다면!"

《파티마》
루치아 도스 산토스 지음, 대전 가르멜 여자 수도원 옮김

우리는 티 없이 깨끗한 마리아의 성심을 공경합니다.
성모님의 성심을 사랑하는 내가 이 사랑을 다른 이와 어떻게 나눌 수 있을까요?

년   월   일

참된 신앙

우리 가톨릭 신자들이 흔히 저지르는 큰 잘못이 하나 있습니다. 바로 신앙생활과 사회생활을 분리하고자 하는 생각입니다. 다시 말해서 주일에 성당에 올 때나 고해성사를 받을 때는 신심 깊은 신자인데 사회생활을 할 때에는 전혀 신앙이 없는 것처럼 삽니다. 회사나 학교, 공장 등 자기 직장에 가서는 전혀 신앙이 없는 것처럼 산다는 것입니다. 이것은 잘못입니다.

우리 생활 전체가 신앙생활이자, 기도 생활이 되어야 합니다. 직장에서 집에서 일하는 것 모두가 신앙을 바탕으로 하고 있어야 합니다. 육체가 힘들고 괴롭든지 즐겁든지 모두 하느님께 바친다는 마음으로 살아야 합니다.

《무엇 하는 사람들인가》
박도식 지음

우리 삶 전체가 하느님을 향한 봉헌이 되어야 합니다.
지금 내 삶의 자리에서 하느님께 내어 드릴 수 있는 것은 무엇인가요?

년   월   일

045 신앙이 있는 생활

    부활 신앙을 가진 우리는 고통과 번민, 불행이 겹치는 이 세상의 괴로움을 단순히 괴롭게만 보지 않습니다. 이것이 지나면, 그리고 이것을 무사히 이겨 내면 영원한 생명이 주어진다는 믿음이 있기 때문입니다. 그러기에 현실은 괴로운 인생이지만 의미가 있는 것이고 괴로움 속에서도 우리는 삶의 보람을 느끼게 됩니다. 가톨릭 수도자들은 머리에 베일을 쓰고 세상의 모든 육체적 쾌락, 명예, 재물을 끊어 버리고 살지만, 그 생활이야말로 영원과 연결된 보람된 생활인 것입니다.

    고통과 눈물 앞에서도 웃음의 꽃을 피울 수 있는 생활입니다. 이것을 모르는 그들에게는 이것이 한낱 웃음거리로 보이겠지만, 누가 어리석고 누가 현명한지는 나중에 드러나게 될 것입니다. 신앙이 있는 생활과, 신앙이 없는 생활은 엄청난 차이가 있습니다.

《무엇 하는 사람들인가》
박도식 지음

신앙은 고통 속에서도 영원을 향한 웃음을 피워 내는 힘입니다.
나는 일상에서 어떻게 삶의 의미를 찾고 있나요?

년   월   일

기도의 결실

 끊임없는 기도를 드려야 하는 이유를 분명히 알고, 그 결실에 대해 확신을 가지기 위해서는 세 가지를 명심해야 합니다.
 첫째, 기도에 대한 모든 열망과 생각은 성령께서 우리 안에서 하시는 일이고, 우리를 보호해 주시는 수호천사의 음성임을 기억하십시오.
 둘째, 기도할 때 부르는 예수 그리스도의 이름은 그 자체로 영광의 힘을 가진다는 것을 기억하십시오.
 셋째, 자신의 기도가 불완전하고 메마르다고 해서 그만두지 마십시오.
 인내를 가지고 성스러운 이름을 끊임없이 부를 때 생겨날 결실을 기다리십시오. 쉬지 않고 부르는 기도가 무의미하고 공허한 말들로 가득하다는, 세속적인 사람들의 미숙하고 헛된 말을 귀담아듣지 마십시오. 그들의 생각과는 정반대로, 우리가 주님의 이름을 자주 부르면 거룩한 주님의 이름이 아주 적절한 때에 그 결실을 드러낼 것입니다.

《이름 없는 순례자》
최익철 · 강태용 옮김

끊임없는 기도는 언젠가 하느님께서 원하시는 때에 열매를 맺게 될 것입니다.
기도가 메마를 때 어떻게 견뎌야 할까요?

년   월   일

단 한 시간만이라도

하느님은 우리에게 무한한 자비를 주시는데, 그에 비해 우리는 너무나 인색한 감사와 기도를 드리지요. 단 한 시간만이라도 하느님과 함께하는 시간을 가질 수는 없을까요?

기도의 시간을 갖지 않는 사람들 대부분은 자신이 기도드리기에 너무 바쁘다고 말합니다. 그러나 한 시간도 앉아서 기도할 여유가 없는 바쁜 생활은 온갖 잡념과 근심 등을 만들어 우리가 하느님께 향하는 것을 방해합니다. 따라서 우리는 기도를 멀리할수록 하느님께 지혜를 받지 못하고, 그로 인해 더 큰 위험에 직면하게 되는 경우가 많습니다. 이는 인간을 지극히 사랑하시는 하느님이 우리의 마음을 당신께 향하게 하기 위해 여러 가지 방법으로 이끄시는 섭리입니다.

《이름 없는 순례자》
최익철 · 강태용 옮김

하느님께서는 우리의 마음을 당신께 향하게 하시려 다양한 길로 부르십니다.
요즘 내가 하느님께 향하는 것을 방해하는 일은 무엇인가요?

년   월   일

047

좁은 문

　예수님은 우리가 남들이 하는 대로 행동하거나 시류에 따라 살지 말고 자신만의 고유한 길을 걸어가기를 바라십니다. 예수님은 그 점을 "좁은 문"에 비유하여 이렇게 말씀하셨습니다.

　"너희는 좁은 문으로 들어가도록 힘써라. 내가 너희에게 말한다. 많은 사람이 그곳으로 들어가려고 하겠지만 들어가지 못할 것이다."(루카 13,24)

　우리는 좁은 문으로 들어가도록 힘써야 합니다. 그럴 때 우리는 하느님이 우리를 위해 마련하신 조화로운 삶의 길을 걸을 수 있습니다. 이를 위해서 우리는 진정으로 자신의 고유한 삶을 살겠다고 결심해야 하며, 활력 있고 자유로우며 너그럽게 만드는 길이자 다른 사람들을 위한 결실을 맺게 되는 길을 걷겠다고 결심해야 합니다.

《결정이 두려운 나에게》
안셀름 그륀 지음, 최용호 옮김

좁은 문은 하느님께서 마련하신 참된 길입니다.
좁은 문을 들어가기 위해 어떤 마음가짐을 준비해야 할까요?

년   월   일

047

주저하지 말 것

    결정에 대한 두려움은 때때로 자신의 결정으로 인해 공동체에서 소외되지 않을까 하는 걱정을 나타내기도 합니다. 그것은 곧 고독에 대한 두려움입니다. 결정을 통해 자신을 드러내게 되고 그로 인해 다른 사람들의 공격을 받을지도 모른다고 생각하기 때문이지요. 나중에 자신의 결정이 잘못되었다는 것을 자신보다 다른 사람들이 더 잘 알게 되는 경우가 많은데, 그 점도 두려움이 더욱 커지게 만듭니다.

    이런 이유들로 우리는 아무런 결정도 내리지 않으려 하지만 결정을 하지 않음으로써 결국 모든 일을 망치게 됩니다. 결정하고자 하는 사람에게는 자신감이 필요합니다. 우리는 자신의 가치가 다른 사람들의 평가에 달려 있는 것이 아님을 확신해야 합니다. 결정하겠다고 마음먹은 사람은 설사 많은 이들이 자신을 비판한다 할지라도 결정을 하면서 자존감을 키울 수 있습니다. 많은 이들이 자신을 반대한다 할지라도 결정을 통해 스스로가 자신의 편이 되어 주는 것이니까요.

《결정이 두려운 나에게》
안셀름 그륀 지음, 최용호 옮김

결정은 나를 드러내는 용기이자, 자신을 지지하는 행위입니다.
내가 결정하지 못하도록 방해하는 것은 무엇일까요?

년   월   일

048

단순한 마음

누구든지 정신을 집중하고 마음을 단순하게 할수록 그만큼 힘들이지 않고 많은 것을 깊이 있게 깨닫게 된다. 이는 하늘로부터 오는 총명의 빛을 받기 때문이다.

마음이 정결하고 순진하며 항구하면 아무리 일이 많아도 정신이 산만해지지 않는데, 이는 모든 것을 하느님을 공경하기 위하여 행할 뿐, 자신을 위하여 사사로운 이익을 찾지 않기 때문이다.

네 마음에 있는 절제되지 않는 욕망보다 너를 방해하고 성가시게 구는 것이 또 있겠는가? 착하고 신심이 깊은 사람은 겉으로 행할 일을 마음속으로 먼저 계산한다. 또 무슨 일을 하더라도 사욕으로 기울어지려는 욕망을 따르지 않을 뿐만 아니라, 오히려 바른 이성의 명령을 따른다.

자신을 이기려고 하는 싸움보다 더 맹렬한 싸움이 어디 있겠는가? 그러므로 우리는 날마다 자기 자신을 용감하게 극복하고, 선善으로 더 가까이 나아가려고 힘써야 한다.

《준주성범》
토마스 아 켐피스 지음, 윤을수 옮김

마음을 단순히 할수록 하느님의 뜻을 더 깊이 깨닫게 됩니다.
내 마음을 의지대로 움직이기 위해 어떻게 노력해야 할까요?

년   월   일

048

그분과 함께

　예수님과 대화하는 법을 아는 것은 가장 위대한 예술이며, 그분을 모시는 법을 아는 것은 가장 위대한 지혜다. 너는 겸손하고 평화로워야 한다. 그러면 예수님께서 너와 함께 계실 것이다. 굳은 믿음과 고요함을 유지하라. 그러면 예수님께서 너에게 머물러 계실 것이다.

　네가 바깥 사물에 마음을 두기 시작하면 곧바로 예수님을 멀리 밀어내는 것이며 곧 예수님의 은총을 잃을 것이다. 만일 예수님을 밀어내 그분을 잃어버렸다면, 이제 누구한테 갈 것이며 누구를 벗으로 사귈 것인가? 너는 벗 없이 잘 살 수 없을 것이다. 네가 가장 사랑하는 벗이 예수님이 아니라면, 너는 너무나 비참하고 슬플 것이다.

　그러므로 네가 다른 것에 의탁하거나 거기서 즐거워한다면 대단히 어리석은 행동일 것이다. 예수님의 마음을 상해 드리는 것보다는 차라리 온 세상을 등지는 것이 낫다. 그러니 네가 사랑하는 이가 많다 할지라도, 특별히 사랑해야 할 분은 예수님이시다.

《준주성범》
토마스 아 켐피스 지음, 윤을수 옮김

우리가 세상 무엇보다도 특별히 사랑하며 벗으로 삼을 분은 예수님이십니다.
예수님을 사랑하기 위해 무엇을 약속드려야 할까요?

년   월   일

생명에의 참여

하느님은 우리 안에서 사랑하시고 기도하고 계신다. 인간이 기도한다는 것은 하느님이 우리 인간을 완전히 점유할 수 있도록 그분을 도와드리는 것이다. 일단 우리 안에 살아 계시면, 하느님은 거기서 그분이 하고자 하시는 일을 하신다. 그 일은 우리가 다른 사람에게 관심을 가지도록 자극하시는 일이다.

하느님은 우리의 사랑을 받기보다는 우리가 이웃을 사랑하는 것을 더욱 기뻐하신다. 이웃을 사랑할 때 우리 안에서 그분의 모습을 볼 수 있게 되고, 또 그분 자신이 우리를 완전히 점유하셨음을 아실 수 있기 때문이다. 그렇게 되면 '하느님의 것은 모두 우리의 것'이 되고, 우리의 생활은 기도와 같아지고, 하느님과 같아지는 것이다.

우리는 하느님의 생명에 '참여'하는 것이다. 어느 신부가 말한 바와 같이 "믿는다는 것은 사랑하기 위해 사랑을 받아들이는 것"이다.

《사람에게 비는 하느님》
루이 에블리 지음, 김수창 옮김

하느님께서 우리 안에 계실 수 있도록 기도를 통해 자신을 내어 드려야 합니다.
이웃 사랑을 실천하기 위해 오늘 내가 할 수 있는 일은 무엇인가요?

년   월   일

은총의 기다림

"인간은 제안하고 하느님은 그것을 결정하신다."라든지 "인간은 청하고 하느님은 인도하신다."라는 말은 잘못된 말이다. 이러한 생각은 인간을 하느님의 종으로 추락시키고, 하느님을 폭군으로 만들어 버린다. 사실 하느님은 인간에게 제안하시고 호소하시며 은총을 베푸실 뿐이다.

"보라, 내가 문 앞에 서서 문을 두드리고 있다. 누구든지 내 목소리를 듣고 문을 열면, 나는 그의 집에 들어가 그와 함께 먹고 그 사람도 나와 함께 먹을 것이다."(묵시 3,20)

이처럼 하느님은 당신 자신을 내어 주신다. 그리고 인간이 그것을 받아들일지 말지 결정한다. 이는 우리에게 가져다주신 가장 기쁜 소식이다. 우리는 혼자 외로이 있는 것도 아니며, 아무것도 없는 데서 하느님을 찾는 것도 아니다. 하느님이 우리에게 호소하신다. 하느님이 훨씬 더 열성적으로 우리를 찾고 계신다.

《사람에게 비는 하느님》
루이 에블리 지음, 김수창 옮김

하느님께서는 우리를 늘 먼저 찾아와 주십니다.
하느님께서 지금 나에게 호소하고 계신 것은 무엇일까요?

년   월   일

행복스런 마음

행복하여라 사랑하는 마음
오직 하나 천주님을 상념하고
그이로 해 피조물 다 버리고
그이 안에서 영광과 만족을 발견하고
자신조차 잊고 사나니
그의 온 뜻이 천주님 안에 있음이로라
이렇듯 그는 기꺼이 짜장 즐거웁게
험난한 이 바다의 물결을 가도다

《님 · 밤》
최민순 지음

하느님 안에 머무른다면, 어떤 상황에서도 기쁨과 평화를 누릴 수 있습니다.
하느님의 뜻 안에 온전히 머물기 위해 내게 필요한 것은 무엇인가요?

　　　　　　　　　　　　　　　년　　　월　　　일

접동새처럼

1
접동새처럼 / 십자가 / 나무에 / 집을 짓고
새도록 밤새도록 / 울어 옙니다

2
새도록 / 밤새도록 / 울어 예면
십자가 / 나무에 / 꽃이 핍니다

3
피울음 / 울어서 / 날이 밝으면
십자가 / 나무에 / 열매가 엽니다

《님 · 밤》
최민순 지음

십자가 위에서 희망은 열매를 맺습니다.
힘든 시간을 지나며 무엇을 배웠나요?

년   월   일

되돌아보기

1. 내 생각에 변화를 일으킨 책과 가장 인상 깊었던 문장은 무엇인가요?

2. 하느님께 대한 흠숭의 마음을 일상에서 어떻게 실천하고 있나요?

3. 하느님과 더 자주 동행하기 위해 달라지고 싶은 부분은 무엇인가요?

4. 하느님 앞에서 나의 부족함을 깨닫고 겸손해진 순간은 언제인가요?

5. 이 장을 마치며 얻은 깨달음과 변화를 정리해 보세요.

3장

영혼을 정화하다

정화를 위한 기도

우리 주 예수님,
성령의 활동으로
(오늘 일과 중) 제가 받은 모든 나쁜 것과
제가 동의했던 모든 죄의 영향에서
저의 영혼과 정신(의지, 기억, 지성, 상상, 감정)을
정화해 주소서.
저는 겸손된 마음으로 용서를 청하나이다.
저의 뉘우침을 받아 주시고 항상 주님을 사랑하고
주님의 뜻을 따라 선택할 힘을 주소서.
감사하나이다.
아멘.

― 《침략할 수 없는 성채》

051

신심의 단맛

　성령께서는 주님께서 하신 말씀과 성인들의 입을 통해, 신심 생활이 기쁘고 복되며 사랑스러운 이유를 우리에게 알려 주십니다.
　세상 사람들은 신심 깊은 사람들이 금식과 기도를 하고, 원수를 용서하고, 병자를 방문하고, 가난한 사람에게 자선을 베풀고, 밤에 잠을 적게 자고, 분노를 참고, 그릇된 욕망을 억제하고 오관의 쾌락을 버리는 등 본성적으로 실천하기 어렵고 괴로운 것을 행하는 것으로 알고 있습니다. 세상 사람들은 이 모든 것을 유쾌하고 즐겁고 쉬운 일로 변화시키는 마음속의 신심을 모르기 때문입니다.
　향기로운 꽃을 찾아 날아다니는 꿀벌들은 쓴 액즙을 빨아 먹은 다음 그 즙을 꿀로 변화시킵니다. 이처럼 수행 중에는 쓴맛을 느낄 때가 많지만, 신심이 깊은 사람들은 이를 통해 고통을 기쁨으로 바꾸고 쓴맛을 단맛으로 변화시킵니다.

《신심 생활 입문》
프란치스코 살레시오 지음, 서울 가르멜 여자 수도원 옮김

깊은 신심은 고통마저 기쁨으로 바꾸는 신비한 영혼의 힘입니다.
고통을 기쁨으로 바꾸기 위해 나는 어떤 노력을 할 수 있을까요?

년   월   일

051

우리는 바뀔 수 있습니다

사람들 중에는 성향에 따라 경솔한 사람도 있고 신중한 사람도 있습니다. 남의 충고를 쉽게 받아들이지 않는 고집불통인 사람이 있는가 하면, 욱하는 성질에 쉽게 화를 내는 사람도 있고, 쉽게 사랑에 빠지는 사람도 있습니다. 한마디로 불완전하지 않은 사람은 매우 드뭅니다. 우리 모두는 그렇게 불완전하게 태어났지만 노력하고 덕을 쌓음으로써 이를 바로잡고 개선할 수 있습니다.

필로테아 님, 진정 그대도 이와 같이 해야 합니다. 사람들은 쓴맛을 내는 아몬드 나무에서 달콤한 열매를 맺는 방법을 알아냈습니다. 그것은 달콤한 열매를 맺는 가지에 접을 붙이는 것입니다. 그렇다면 우리도 악한 성향을 착한 성향으로 바꿀 수 있지 않겠습니까? 세상에는 나쁜 영향을 받아도 악화되지 않는 착한 천성은 없고, 하느님의 은총을 입어 열심히 노력해도 고치지 못할 만큼 악한 천성도 없습니다.

《신심 생활 입문》
프란치스코 살레시오 지음, 서울 가르멜 여자 수도원 옮김

사람은 하느님의 은총 안에서 새롭게 태어날 수 있습니다.
나의 성향 중 바꾸고 싶은 부분이 있다면 무엇인가요?

년   월   일

내 안에 머무시는 분

　있는 그대로의 하느님을 알고 사랑하기 위해 우리는 하느님께서 새로운 방법으로 우리 안에 사시게 해야 합니다. 위대하신 분으로서만이 아니라 아주 미소한 분으로서도 우리 안에 사시게 해야 합니다. 이로 인해 하느님은 당신을 비우시고 우리의 비움 속에서 비워지기 위해서 우리에게 내려오십니다.

　그러고는 우리를 당신의 충만함으로 가득 채워 주십니다. 하느님께서는 당신과 당신을 사랑하도록 창조된 영혼들 사이에 펼쳐진 무한한 심연 위에 당신 생명의 초자연적 사명으로 다리를 놓아 주십니다. 모든 사물과 우리의 깊숙한 곳에 거처하시는 아버지께서는 당신의 말씀과 당신의 혼을 우리에게 전해 주십니다. 이들을 받으면 나는 그분의 생명으로 인도되고, 그분의 아들 안에서 그분과 하나 되어 그분의 사랑으로 하느님을 압니다.

《새 명상의 씨》
토마스 머튼 지음, 오지영 옮김

하느님께서는 우리 안에 임하시어 우리를 당신의 충만함으로 채우십니다. 그리스도께서 내 안에 머무르시도록 하려면 나를 어떻게 비워 내야 할까요?

년   월   일

영성 생활의 시작

하느님을 완전하게 찾는다는 것은 바로 이런 뜻입니다. 환상과 쾌락에서 물러서는 것, 현세적 불안과 욕망, 하느님이 원하시지 않는 일에서 물러서는 것입니다.

나의 자유가 언제나 그분 의지의 표현이 될 수 있게 내 마음을 혼란에서 벗어나게 하는 것, 마음의 침묵을 즐기며 하느님의 목소리를 듣는 것입니다.

희미한 사랑 속에 계시는 하느님과 은밀히 접촉하기 위해서 피조물의 영상으로부터 지적 자유를 개발하는 것, 겸손함으로 평화를 누리고 다른 사람들과의 갈등과 경쟁에서 물러나 평화를 찾는 것입니다.

논쟁을 피하고 판단하고 검열하며 비판하는 부담스러운 일과 의무도 없는 일에 대한 견해라는 짐을 내려놓는 것입니다. 언제든 자신의 뜻을 접을 수 있는 준비를 하고 하느님이 오시기를 조용히 기다리며 쉬기 위해 영혼의 모든 힘을 그의 깊은 속으로부터 끌어올리는 것입니다.

《새 명상의 씨》
토마스 머튼 지음, 오지영 옮김

참된 영성 생활은 주님 곁에 충실히 머물 때 시작됩니다.
나는 어떠한 태도로 영성 생활을 이어 가고 있나요?

년   월   일

053

주님의 부르심

　우리의 용기는 바로 여기에 근거합니다. 사랑을 하고 또 아버지에게서 사랑과 돌봄을 받음을 아는 사람의 겸손한 신뢰 안에서, 무상으로 선택되고 파견되었음을 아는 사람의 겸손한 신뢰 안에서 말입니다.

　바오로 사도는 보물이 질그릇 속에 담겨 있다는 것을 체험했고, 그 체험을 우리 모두에게 전합니다. 그는 자신과 다른 이들을 바라봅니다. 그는 질그릇을 바라보기를 두려워하지 않습니다. 그 안에 들어 있는 보물이 예수 그리스도에게서 비롯된 것이기에, 그분에게서 용기와 대담함과 사도적 열성을 받습니다.

　우리는 편안한 강가에 앉아 머물러 쉬고자 하는 갈망을 종종 느끼지 않습니까? 하지만 주님은 노를 저어 더 깊은 물에 그물을 던지도록 우리를 부르십니다. 용기와 사도적 열성을 갖고 그분을 선포하도록, 그분을 위하여 우리의 삶을 바치도록 우리를 부르십니다.

《악마는 존재한다》
프란치스코 교황 지음, 디에고 마네티 엮음, 안소근 옮김

주님께서는 우리를 더 깊은 믿음과 용기의 자리로 부르십니다.
주님의 부르심을 따르기 위해 오늘 나에게 무엇이 필요할까요?

년   월   일

053

그리스도인의 선택

우리는 스스로에게 물어야 합니다. 우리는 우리의 인격 안에서, 우리 자신 안에서 유혹을 얼마나 의식하고 있습니까? 우리는 재물, 허영, 교만이 삶의 원천이며 힘이라고 생각하는 생활 방식에 얼마나 익숙해져 있습니까?

우리는 다른 사람들을 돌보는 것, 다른 이들의 빵과 명예와 존엄성을 염려하고 그것을 위해 일하는 것이 기쁨과 희망의 원천이라고 얼마나 믿고 있습니까?

우리는 마귀가 아니라 예수님을 선택했습니다. 예수님은 마귀에게 당신 자신의 말로 응답하지 않으셨고 하느님의 말씀으로, 성경 말씀으로 대답하셨습니다. 형제자매 여러분, 이것을 머릿속에 잘 기억해 둡시다. 마귀와는 대화하는 것이 아닙니다! 그가 항상 우리를 이길 것이기 때문입니다. 하느님의 말씀만이 악마를 물리칠 수 있습니다. 우리는 마귀가 아니라 예수님을 선택했습니다.

《악마는 존재한다》
프란치스코 교황 지음, 디에고 마네티 엮음, 안소근 옮김

하느님의 말씀은 유혹을 이기는 가장 강력한 무기입니다.
지금 나에게 익숙한 생활 방식은 무엇이며, 어떻게 바꾸길 바라나요?

년   월   일

주님의 기도

 예수님은 분명 제자들이 시험받도록 하셨습니다. 하지만 어둠이 제자들을 이기는 것은 허락하지 않으셨습니다. 그렇기 때문에 우리는 우리 또한 악마를 이길 수 있음을 확신할 수 있습니다.
 프란치스코 교황님이 로마 사제들과의 회의에서 말했던 것을 상기해 보세요. 악마는 우리를 교묘하게 유혹하여 예수님이 아무런 도움을 주지 않고 우리를 떠나 버리실 것이라고 우리가 믿게 만듭니다.
 예수님 또한 올리브산에서 그러한 유혹을 받으셨습니다. 그분이 버림받았다고 느끼셨던 때지요. 그때 주님이 가르쳐 주셨던 주님의 기도, 그 기도의 마지막 문구가 이제 우리를 악마에게서 구해 줄 것입니다.
 "저희를 유혹에 빠지지 않게 하시고, 악에서 구하소서."

《구마 사제》
체사레 트루퀴 · 키아라 산토미에로 지음, 황정은 옮김

예수님께서는 유혹받는 우리를 결코 외면하지 않고 보호해 주십니다.
내 삶에서 떨치기 가장 힘든 유혹은 무엇인가요?

년   월   일

054

기도와 말씀

프란치스코 교황님이 필리핀 마닐라에서 미사를 집전하며 한 강론입니다.

"종종 악마는 현대인들이나 다른 사람들처럼 세련된 모습을 하고는 그 뒤에 자신의 간계를 숨기고 있습니다. 악마는 일시적 쾌락과 피상적인 과거의 신기루로 우리를 교란시킵니다. 이렇게 해서 우리는 쓸데없는 장치들을 가지고 노느라 하느님이 주신 은총을 낭비합니다. 도박과 술에 돈을 탕진합니다. 우리는 우리 자신에게 틀어박힙니다. 우리는 진짜로 중요한 것들의 중심에 머무르지 않고 이를 게을리합니다. 아이들의 마음으로 살아야 함을 간과하는 것이지요."

교황님은 에둘러 말하지 않습니다. 한번은 '예수님은 사탄을 파멸시키기 위해 오셨던 것'이라고도 설명했습니다. 그러나 사탄은 교묘하게도 '예수님을 모방하기 위해 선한 행세를 하기도 한다.' 하고 이야기했습니다.

즉, 우리는 늘 숨어 있는 악마를 경계해야 합니다. 그리고 우리는 악마의 행실을 이기는 법을 압니다. 그것은 바로 기도와 하느님의 말씀이지요.

《구마 사제》
체사레 트루퀴 · 키아라 산토미에로 지음, 황정은 옮김

기도와 하느님의 말씀은 악의 유혹을 이기는 확실한 방패입니다.
'아이들의 마음'으로 산다는 것은 무엇을 의미할까요?

년   월   일

의심과 두려움

　의심으로 인해 베드로는 물에 빠지지만 동시에 구조됩니다. 예수님이 곧 손을 내밀어 의심하는 베드로를 붙잡으시고 그와 함께 배에 오르시기 때문입니다. 이에 비추어 볼 때, 의심은 베드로가 구조되는 체험을 위한 조건이 됩니다. 예수님은 베드로의 의심을 책망하시지만 그를 구제해 주심으로써 그의 의심에 응답하십니다.

　이 이야기를 우리에게 적용해 볼까요? 우리에게도 옴짝달싹 못하게 하는 상황들이 존재합니다. 이러한 상황에서 우리는 의심과 절망을 체험합니다. 하느님이 우리를 이 어려움에서 구해 주실지 의심합니다. 하지만 성경에서는 높은 파도와 맞바람에 시선을 두지 말고 호수 위를 걸으시는 예수님을 바라보라고 합니다. 그러나 우리도 베드로처럼 예수님과 사나운 호수 사이를 오가며 허우적댑니다. 위험을 간과해서는 안 되지만, 우리는 그 위험을 넘어 예수님을 바라보아야 합니다. 그러면 그분께서는 우리의 의심을 구원의 체험으로 바꾸어 주실 것입니다.

《안셀름 그륀의 의심 포용하기》
안셀름 그륀 지음, 황미하 옮김

의심은 믿음의 끝이 아니라 구원의 시작이 될 수 있습니다.
내 마음 안에는 어떤 두려움이 자리 잡고 있나요?

년   월   일

055 의심의 건너편

우리가 모든 것에 의심을 갖는 큰 의심을 통과하면, 모든 의심 건너편에 있는 어떤 실재에 이르게 됩니다. 그 실재는 우리 안에 계시는 하느님입니다. 토마스 머튼 신부에 따르면, 의심은 겸손으로 이끌고 우리는 겸손한 가운데 하느님 안으로 들어갈 수 있습니다. 우리는 결국 하느님을 인식할 수 없습니다. 아무것도 모른다는 깨달음을 얻습니다.

그러나 우리가 이것을 고백할 때, 모든 지식의 건너편에 있는 깊은 체험을 하게 됩니다. 그러나 이 체험은 스스로 할 수 없습니다. 이 체험은 우리에게 선사되는 것입니다. 그러므로 의심을 통과하려면 우리 삶이 선사되었다는 것을 알아야 합니다. 그것은 결국 은총 체험입니다.

《안셀름 그륀의 의심 포용하기》
안셀름 그륀 지음, 황미하 옮김

모든 의심의 건너편에는 하느님의 실재가 기다리고 있습니다.
나는 마음속에 어떤 의심을 품고 있나요?

년   월   일

한 마리 새처럼

무리를 떠나 높이 나는 한 마리의 새에서 우리는 다섯 가지를 주목할 수 있다.

첫째, 그 새가 가장 높은 곳으로 물러나 있다는 것, 둘째, 비록 동류라도 절대로 함께하지 않는다는 것, 셋째, 부리를 바람 부는 방향으로 돌리고 있다는 것, 넷째, 일정한 깃털 색을 지니고 있지 않다는 것, 그리고 다섯째, 지저귀는 소리가 부드럽고 고요하다는 것이다.

관상적인 영혼도 이와 같아야 한다. 지나가는 모든 것에 존재하지 않는 것처럼 초연하며, 오롯한 고요와 침묵을 좋아하고, 성령의 권유와 뜻에 따라 정배답게 그 입김 쪽을 향해 의지의 입을 열고 일정한 색을 지니지 않으며, 하느님의 뜻에 맞는 것 이외에는 마음을 열지 않고 천상 정배에 대한 관상과 사랑 안에서 아름답고 감미로운 노래를 부를 것이다.

《잠언과 영적 권고》
십자가의 성 요한 지음, 서울 가르멜 여자 수도원 옮김

침묵과 고요는 때로 하느님의 뜻을 따르는 힘이 됩니다.
일상에서 나를 초연하지 못하게 만드는 것은 무엇인지 생각해 봅시다.

년   월   일

영혼의 전투

　사람을 정화하는 하느님의 사랑으로 재물에 대한 탐욕에서 벗어나 참된 영성인이 되면, 천사가 누리는 고요와 평화에 참여하게 되고, 빛에 충만한 은총으로 하느님과의 합일에 이르는 은총을 받게 된다. 현세에서부터 천사들보다 더 높은 빛을 하느님께 받은 영혼들이 있지 않은가?
　하느님께서는 수호천사를 통해 은혜를 베푸실 때, 악마가 그것을 알고 허락된 범위 안에서 맹렬하게 방해하도록 대체로 버려 두신다. 그 이유의 하나는 승리를 더욱 가치 있게 하려는 것이요, 다른 하나는 몸서리나는 그 유혹에서 더욱더 충실하게, 그리고 용감하게 대적한 영혼에게 한결 더 빛나는 보상을 받게 하려는 것이다.

《잠언과 영적 권고》
십자가의 성 요한, 서울 가르멜 여자 수도원 옮김

허락된 유혹은 더 큰 은총을 위한 하느님의 배려입니다.
시련을 통해 얻은 나의 가장 소중한 자질은 무엇인가요?

년   월   일

주님의 구원 계획

하느님께서는 인간을 이성과 의지가 없는 꼭두각시나 허수아비처럼 만들지 않으시고 그에게 자유 의지를 주셨다. 하느님께서는 당신이 사랑으로 창조하신 인간이 강요가 아니라 자발적으로 당신을 믿고 따르기를 원하셨기 때문이다.

하지만 인간은 하느님께서 허락하신 소중한 자유를 잘못 사용하여 하느님을 등지고 그릇된 방향으로 나가서 불행에 빠질 수도 있다. 루카 복음서 15장이 전하는 '되찾은 아들의 비유'에 등장하는 아버지처럼, 하느님께서는 당신 자녀들이 당신을 등지고 떠나는 것까지도 허용하신다. 당신을 떠나가는 이들이 스스로 잘못된 선택을 했다는 것을 깨닫고 다시 돌아오기를 바라시면서 말이다.

《희망이 없어도 희망하며》
손희송 지음

우리에게 자유를 주신 하느님께서는 실패마저도 사랑으로 품어 주십니다.
나는 나의 자유를 어떻게 사용하고 있나요?

년   월   일

나의 길

    돈벌이에 특별한 재주가 없다고 해도, 가난한 이들에 대한 관심과 배려가 뛰어날 수 있다. 말주변이 없지만, 다른 사람의 말을 잘 들어 주는 능력이 뛰어날 수 있다. 남보다 건강하지 않지만, 아픈 사람에 대한 공감 능력이 특별히 뛰어날 수 있다. 비록 남들과 잘 어울리지는 못하지만, 홀로 있으면서 생각을 많이 하여 사유 능력이 깊게 발달할 수도 있다. 이렇게 사람은 각자 고유한 특성과 재능을 지니고 있기에 한 가지 잣대로만 평가한다면 곤란하다.

    아마 우리가 죽은 다음 심판을 받을 때, 하느님께서는 "너는 왜 아무개처럼 훌륭한 사람이 되지 못했느냐? 누구처럼 유능한 사람이 되지 못했느냐?" 하고 묻지 않으실 것이다.

    그 대신 "바오로야, 너는 과연 너 자신이 되었느냐? 내가 너에게 준 탈렌트를 제대로 살렸느냐? 마리아야, 너는 고유한 너 자신이 되어 살았느냐?"라고 물으실 것이다.

《희망이 없어도 희망하며》
손희송 지음

하느님께서는 우리 각자를 독특하고 고유하게 창조하셨습니다.
하느님께서 내게 주신 재능이나 특성은 무엇일까요?

년   월   일

침묵 속의 해답

　구약 성경에서 욥은 자신이 받는 고통의 이유를 물었지만, 원하는 답변을 듣지 못했다. 그의 물음은 오히려 그를 침묵으로 이끌었다. 이러한 침묵을 배우는 것 자체도 제법 길고도 험난한 과정일 수 있다. 그 침묵은 한동안 반항심으로 가득 채워질 수도 있다. 그것을 사람들은 이해해야만 한다.

　그러나 결국에는 그 침묵의 시간이 차츰 인내와 준비의 시간으로 바뀌게 될 것이다. 욥기가 마무리될 즈음에 우리에게 보여 주는 바와 같이, 고통의 끝은 온통 하느님께 찬양하는 기도로 채워지지 않을 수 있을까? 그와 같이 깊은 침묵 중에는 고통으로 쓰러지는 중에도 악착같이 부여잡고 몸부림쳤던 적개심은 사라지고 누군가를 원망하고 비난하던 말도 더 이상 입에 올리지 않은 채 진심으로 눈물을 흘리는 은총 또한 주어질 수 있다.

　그의 물음은 비록 여전히 아무런 답변을 얻지 못하였지만, 그럼에도 알 수 없는 놀라운 방식으로 모두 해소된다.

《철학자, 믿음의 여인을 묵상하다》
베른하르트 벨테 지음, 조규홍 옮김

고통은 침묵 속에서 정화되어 마침내 우리를 평화로 이끕니다.
나는 어떤 방식으로 고통을 견뎌 왔나요?

년   월   일

우리가 하느님을 떠나도

  만일 당신이 혹여 사람들 곁을 떠나고 하느님 곁을 떠나게 되더라도, 하느님께서는 고통 중에 있는 당신 가까이서 당신의 고통과 함께할 것이다. 비통함으로 가득 찬 심장과 같이 성모님이 품으신 연민의 정은 여느 어머니가 자기 자식에게 품은 연민의 정 못지않게 강력하고 섬세할 것이다.

  성모님은 인간적이면서 동시에 그보다 훨씬 더 '하느님의 어머니로서' 신적인 연민의 정으로 우리에게 위로를 주실 것이다. 그러므로 무엇보다도 성모님의 모습은 모든 여인들의 심정 그리고 고통받는 모든 사람들의 심정을 이해하고 위로하는 데에 더없이 귀한 모범이 된다. 이미 예수님은 물론 성모님과 함께 고통을 받겠다고 준비하는 사람들에게는 약속과 희망 같은 것이 존재한다. 고통의 밤은 분명 우리가 직접 헤쳐 나가야 할 관문이다. 그러나 이미 부활절 이른 아침부터 동이 트듯 하느님의 날이 밝아 오기 시작했다.

《철학자, 믿음의 여인을 묵상하다》
베른하르트 벨테 지음, 조규홍 옮김

우리가 하느님을 떠나도 그분께서는 우리 곁에서 고통을 함께해 주십니다.
어떤 순간에도 하느님께서 함께해 주신다는 사실이 어떤 위안을 주나요?

년   월   일

059

위로의 순간

저에게는 고요 가운데 가령 조용한 성당이나 정적이 감도는 숲의 어느 나무 그루터기 위에 앉아 있는 것이 도움이 됩니다. 그런 가운데 저를 감싸는 고요가 제 안에도 있다는 생각이 듭니다. 이어서 저는 저를 에워싸고 있는 고요와 하나가 됩니다. 이때 제 안에도 이 고요한 공간, '하느님이 계시는 곳', '평화를 바라볼 수 있는 곳'이 있음을 감지합니다.

또 다른 방법은 호흡하는 것입니다. 저는 숨을 내쉬면서 제 영혼의 모든 층을 지나 근원에 이른다고 상상합니다. 내쉬는 숨은 분노, 불안, 내적 소란, 자기 비난을 통과하여 영혼 깊은 곳으로 갑니다. 모든 감정과 생각 밑에 고요한 공간이 있습니다.

저는 이 고요를 잠시 동안만 아주 강렬히 감지할 것입니다. 이어서 다른 생각들이 다시 떠오르겠지요. 그러나 고요를 느끼는 이 순간이 제가 인지하는 것을 바꾸어 줍니다.

《위안이 된다는 것》
안셀름 그륀 지음, 황미하 옮김

고요는 하느님께서 우리 안에 계심을 느끼는 영혼의 태도입니다.
하느님과 함께 고요에 머무는 나만의 방법을 떠올려 보세요.

년   월   일

059

눈물, 영혼의 해방

　수도승들은 눈물에 관한, 곧 슬픔의 눈물이자 기쁨의 눈물에 관한 찬미가를 늘 부릅니다. 그들은 '기쁨을 주는 눈물'에 관해 말합니다. 눈물은 슬픔과 두려움을 몰아내고, 깊은 내적 평화를 누리게 합니다.
　이와 관련해 동방 교회의 저명한 수도승 요한 클리마코 성인은 다음과 같이 말합니다.
　"눈물은 두려움을 앗아 간다. 더 이상 두려움이 없는 곳에서 기쁨의 밝은 빛이 빛난다. 이 영원한 기쁨으로부터 거룩하신 하느님의 사랑이 꽃피운다."
　눈물은 마음이 이리저리 갈라지지 않도록 지켜 주고, 순수한 마음으로 기도하면서 정신을 하느님께 모으게 합니다. 눈물은 자만심을 부수고, 인간이 늘 오만하게 달라붙어 있고 싶어 하는 생각들을 몰아냅니다. 눈물은 인자하신 하느님께 마음을 내어 드리게 하고, 마음을 기쁨으로 채워 줍니다.

《위안이 된다는 것》
안셀름 그륀 지음, 황미하 옮김

　　　　진실한 눈물은 굳어진 내 영혼을 부드럽게 만드는 은총입니다.
　　　　내 마음속에서 가장 굳은 부분은 어디인가요?

년   월   일

사랑의 또 다른 이름

하느님이 사람이 된다면 마땅히 가장 영화롭고 부유한 왕실에서 태어나야 할 것 같지만, 그분께서 택하신 곳은 베들레헴의 구유였습니다. 그리고 유년기를 보내려고 택하신 곳은 나자렛에 있는 한 목수의 집이었습니다. 그뿐이 아닙니다. 그분은 가장 모욕적인 죽음에 이르기를, 뭇사람들의 저주를 한 몸에 받으면서 십자가에 달려 죽음에 이르기를 원하셨습니다.

십자가 죽음이야말로 '자기 비움'의 극치이며, 그 자기 비움 안에서 우리는 참으로 하느님께서 어떤 분이신지를 바라보게 됩니다. 하느님께서 하느님이시기를 포기하고 사람이 될 때, 그렇게 사람이 되어 십자가 죽음에 이르기까지 낮아질 때, 그분은 역설적으로 '참하느님'이 되십니다. 가장 하느님이기를 포기하는 그 순간에 그분께서는 가장 하느님으로 계신다는 역설. 왜냐하면 하느님께서는 '그렇게 자신을 비워 내는 사랑'이시기 때문입니다.

자신을 비워 내는 사랑은 필연적으로 가난합니다. 그러므로 가난은, 사랑의 또 다른 이름입니다.

《길에서 길을 찾다》
문재상 지음

자신을 비우는 사랑은 참하느님을 닮아 가는 사랑의 표현입니다.
일상생활에서 어떻게 '자기 비움'을 실천할 수 있을까요?

년   월   일

더는 견딜 수 없을 때

편안한 집, 잠자리, 먹을 것, 풍족한 살림살이, 인간관계, 그 밖의 모든 것을 잃고, '오직 하느님께 의지할 수밖에 없는 곳'이 바로 광야입니다. 이스라엘 백성들은 광야에서 하느님께서 내려 주시는 만나를 먹고, 바위에서 샘솟는 물을 마시고, 메추라기 고기를 먹습니다. 하느님께서 돌보아 주시지 않으면 단 한 순간도 살 수 없는 곳이 바로 광야인 것이지요.

광야의 삶은 분명히 힘들고, 고통스럽고, 불편합니다. 하지만 그 고통과 불편함이 바로 하느님께서 우리 안에 개입하실 수 있는 장을 만들어 줍니다. 우리가 더는 견딜 수 없다고 생각하는 바로 그 순간이 하느님께서 다가오시는 순간입니다. 우리가 삶을 위해 이것만은 놓아 버릴 수 없다고 생각한 그것이 사라졌을 때, 비로소 하느님께서 우리 안에서 활동하실 수 있는 것이지요. 역설적으로 표현하자면, 내가 다른 어딘가에 의지하고 있다면 하느님께서는 나에게 다가오실 수 없겠지요.

《길에서 길을 찾다》
문재상 지음

모든 것을 내려놓을 때 비로소 하느님의 존재를 느낄 수 있습니다.
고통과 불편함 속에서 하느님께 어떻게 의지해야 할까요?

년   월   일

061

침묵이 이끄는 삶

　죽음을 앞둔 예수님의 침묵은 박해자들과 군인들과 군중이 가한 모욕과 폭력, 부당한 처사와 대조된다. 그분의 침묵은 겁쟁이들의 침묵이 아니라 온유함의 침묵이다. 고통과 고뇌의 중심에서 내적 자유를 실현하는 자의 침묵이다. 신약 성경에서는 그러한 예수님의 모습을 다음과 같이 전하고 있다.

　"그분께서는 모욕을 당하시면서도 모욕으로 갚지 않으시고 고통을 당하시면서도 위협하지 않으시고, 의롭게 심판하시는 분께 당신 자신을 맡기셨습니다."(1베드 2.23)

　침묵은 우리를 내면으로 인도하고, 그 안에 있는 것을 파악하도록 한다. 그리고 '비판'하는 적을 물리치게 할 뿐만 아니라 위대한 경청의 자세로 이끌고 내적 자유의 문을 통과하게 한다. 그리고 마침내 우리 존재가 폭력의 힘을 이기는 고요하고 평화로운 삶, 온유한 삶을 살게 해 준다.

《깊은 곳의 빛》
루이지 마리아 에피코코 지음, 김희정 옮김

침묵은 우리의 내면을 자유롭게 하고, 평화롭고 온유한 삶으로 이끌어 줍니다.
예수님의 침묵이 '겁쟁이들의 침묵'과 다른 점은 무엇인가요?

년   월   일

주인공이 되기

    우리가 판단하여 결정하지 않은 상황이라고 해도 자유를 발견하고 누려야 한다. 우리가 선택하지 않은 것도 기꺼이 받아들이는 지혜를 가져야 한다는 것이다. 그러한 태도는 우리를 근본적으로 변화시킨다. 피해자에서 주인공으로 말이다.
    마음의 자세를 바꾸어서 끊임없이 울고 싶고, 틀어박히고 싶고, 옳지 않은 생각으로 시간을 보내고 싶고, 어두운 기운을 표출하고 싶고, 남에게 화풀이하고 싶은 유혹을 이겨 내는 것이다.
    우리에게 허락을 구하지 않고 벌어진 상황에서도 책임감을 느끼고 능동적으로 대처하는 자세는 피해자에서 벗어나 삶의 주도권을 쥐는 이가 되도록 해 준다. 따라서 우리는 바람직한 방향으로 삶을 이끌기 위해 고독의 시간과 상황을 선택하는 용기를 지녀야 한다.

《깊은 곳의 빛》
루이지 마리아 에피코코 지음, 김희정 옮김

우리가 선택하지 않은 상황일지라도 마음을 다잡고 기꺼이 받아들여야 합니다.
내가 '주인공'이 되기 위해 먼저 어떻게 변화해야 할까요?

년   월   일

사랑하고 내맡기다

주님께서는 우리와 함께 사랑의 역사를 시작하셨고, 모든 피조물을 그 안에서 책임지기를 원하신다. 우리와 온 세상을 위협하는 악에 대한 방어책은 궁극적으로 이 사랑에 자신을 내맡기는 것에서 비롯될 수밖에 없다. 이것이 악에 대한 진정한 방어책이다.

악의 힘은 우리가 하느님을 사랑하는 것을 거부하는 데서 비롯된다. 하느님 사랑에 자신을 맡기는 이는 구원을 받는다. 우리가 구원받지 못하는 것은 하느님을 사랑하지 않기 때문이다. 그러므로 하느님을 사랑하는 법을 배우는 것이 바로 인류의 구원을 향해 나아가는 길이다.

《믿음 안에 굳건히 머무르십시오》
베네딕토 16세 교황 지음, 방종우 옮김

하느님의 사랑에 자신을 내맡길 때 우리는 구원에 한 발짝 다가갈 수 있습니다.
하느님을 사랑하는 방법에는 무엇이 있을까요?

년   월   일

믿음의 의미

믿음은 하느님과 개인이 맺는 깊은 접촉입니다. 이 접촉은 개인의 가장 깊은 곳을 건드리며, 살아 계신 하느님 앞에 나를 절대적이고 즉각적으로 내어놓도록 합니다.

또한 믿음은 우리가 하느님께 말씀을 드릴 수 있게 하며 그분을 사랑하게 하고 친교를 맺을 수 있게 합니다. 즉 믿음을 통해 하느님은 우리의 가장 개인적인 현실이 되는 것입니다.

그런데 동시에 이는 공동체와 분리 불가분합니다. 그것은 '나'라는 개인을 하느님의 자녀인 '우리' 안으로 끌어들이며, 배회하는 형제자매들의 공동체 안으로 안내하기 때문입니다. 이는 신앙의 본질 중 하나입니다.

또한 하느님과의 만남은 닫혀 있는 개인의 고독에서 벗어나 나 자신을 개방하게 합니다. 이는 개인이 교회의 살아 있는 공동체에서 환영받게 됨을 의미합니다. 이렇게 믿음은 하느님과 함께하는 공동체적 만남의 중재자이며 동시에 전적으로 개인적인 방식으로 다가옵니다.

《믿음 안에 굳건히 머무르십시오》
베네딕토 16세 교황 지음, 방종우 옮김

믿음은 나를 하느님과 공동체 속으로 이끄는 신비로운 힘입니다.
지금 나의 마음은 열려 있나요? 닫혀 있나요?

년   월   일

사랑에 참여하다

하느님의 무조건적인 사랑에 참여하게 되면 우리는 과거의 습관적인 태도에서 벗어나게 된다. 그리고 한순간도 같이 있고 싶지 않은 사람도 사랑하게 되었다고 말하게 된다.

하느님의 현존하심을 전적으로 믿게 되면 다른 이가 지닌 성격상의 결함이나 성품의 부족함도 너그럽게 보아 넘기게 된다. 또한 그런 사람을 내 안에 받아들이기 시작하게 되어 아마도 언젠가는 환영할 수 있게 될 것이다.

이러한 사랑이 성장할수록 하느님을 온전히 따르게 되며, 다른 이들을 연민하는 마음으로 사랑하게 된다. 사랑에 생명력을 주는 원천이 바로 그리스도의 사랑이 지닌 특성이다. 이러한 사랑을 하게 되면 그 보상으로 끊임없는 애정과 사랑으로 하느님의 현존하심을 알아차리게 된다.

《열매와 은사》
토마스 키팅 지음, 차덕희 옮김

그리스도의 사랑은 우리 안의 사랑을 성숙하게 이끌어 주십니다.
지금은 받아들이지 못했지만, 언젠가 온 마음으로 환영하고 싶은 이가 있나요?

년   월   일

하느님의 손짓

　산책을 하던 도중이었다. 갑자기 거센 바람이 불어와 사시나무 숲을 헤치며 지나갔다. 그러자 잎이 달린 모든 나무들이 바람에 반응을 하였다. 모든 나뭇잎들은 격렬하게 흔들렸다. 나뭇가지들은 이리저리 구부러졌고, 기립박수를 치는 것처럼 보였다. 마치 사시나무들이 나를 향해 열렬히 손을 흔드는 것 같았다. 나도 그 나무들을 향해 손을 흔들었고, 공연히 그 떠들썩한 인사를 흉내 내려 하였다.

　그러나 그 사시나무들이 정말 내게 손을 흔들었던 것일까? 아니면 내 안에 계신 하느님을 향하여 손을 흔들었던 것일까?

　나는 나무 안에 계시는 하느님께 손을 흔들었다. 이는 경이로운 교환이었다. 내 안에 계신 하느님께서 그들 안에 계신 하느님께 인사를 건넨 것이다. 내 안의 하느님께서는 그들 안의 하느님이시기도 했다.

《열매와 은사》
토마스 키팅 지음, 차덕희 옮김

우리는 고요 속에서 하느님과 깊은 인사를 나눌 수 있습니다.
하느님께서는 나에게 어떤 모습으로 다가오시나요?

년   월   일

생명과 사랑의 승리

십자가 위에서 예수님께서는 죽음을 뒤엎으셨다. 우리는 보통 죽음을 생명을 잃는 순간으로 여긴다. 그러나 예수님께서는 이를 생명을 주는 기회로 삼으셨다. 그분께서는 어떠한 것도 잃지 않으셨다. 자유롭고 온전하게 당신의 목숨을 내놓으셨다. 예수님께서는 죽음을 선물과 기도, 희생 제사로 바꾸어 놓으셨다.

예수님께서는 우리에게 어떻게 죽어야 하는지 가르쳐 주셨고, 그렇게 함으로써 어떻게 살 수 있는지 알려 주셨다. 예수님의 모욕과 죽음의 시간은 패배가 아니라 죄와 죽음에 대한 생명과 사랑의 승리였다. 이는 우리가 겪는 모욕과 병고, 슬픔과 절망, 배반과 죽음에 대해서도 마찬가지일 수 있다.

《네 번째 잔의 비밀》
스콧 한 지음, 이형규 옮김

예수님의 죽음은 끝이 아니라 생명과 사랑의 시작을 의미합니다.
예수님의 가르침을 바탕으로 나는 어떻게 살아가야 할까요?

년   월   일

당신께서 맺으신 열매

    예수님께서는 당신 자신을 완전한 희생 제물로 바치고 계신다. 우리는 이러한 사실, 곧 당신 자신을 바치셨음을 분명히 알아야 한다. 예수님은 로마 제국에 의해 사형당한 불행한 희생자가 아니셨다. 그분의 목숨을 빼앗은 것이 아니라, 당신 친히 내어놓으신 것이었다.

    빌라도나 카야파나 헤로데가 그분께 사형을 선고하기 이전에, 예수님께서는 당신 생명을 내어놓으셨다. 누가 당신께 손을 대기 이전에 파스카를 경축하시고 파스카 만찬을 주님의 만찬으로 바꾸셨다. 이는 밀알 하나가 땅에 떨어져 죽어서 얻은 열매다.

《네 번째 잔의 비밀》
스콧 한 지음, 이형규 옮김

예수님께서는 스스로 생명을 내어 주신 사랑의 주님이십니다.
나는 내 것을 기꺼이 내어놓을 수 있나요?

　　　　　　　　　　　　　　　　　　　년　　　월　　　일

나의 모습

한 신학생이 자신은 데스몬드 투투 대주교를 성인으로 생각한다고 말했다. 누군가 이의를 제기했으나, 그는 당황하지 않고 이렇게 대답했다.

"저는 투투 대주교님이 성인이라고 생각합니다. 제가 그분과 함께 있을 때 거룩함을 느꼈기 때문이지요."

다른 이들도 우리와 함께 있을 때 이런 거룩함을 느낄까? 아니면 내 안에 떠다니는 욕구나 분노를 느낄까? 바르게 살아가고자 하는 나의 바람을 느낄까? 마음속에 넘쳐흐르는 성령을 감지할까? 이와 반대로 마음속에 있는 지배 욕구나 억지로 사랑을 받고자 하는 강한 욕구를 느낄까? 아니면 대화조차 통하지 않아서 무력감만 느끼고 있는 것은 아닐까? 또는 지나치게 부정적인 나의 모습에 대항조차 못하고 있는 것은 아닐까?

내가 어떤 영적인 태도를 취하느냐에 따라 줄 수 있는 것과 받을 수 있는 것이 달라진다. 방어적인 태도를 버리면 솔직하고 투명해진다. 그렇게 되면 성령을 받을 수 있고, 또한 성령이 나를 통해 빛난다.

《로버트 윅스의 영적 성장》
로버트 J. 윅스 지음, 이찬 옮김

방어적인 태도를 버릴 때 성령께서 나를 통해 빛나십니다.
다른 사람이 나에게서 어떤 향기를 느끼기를 바라나요?

년   월   일

하루에 한 번쯤

아침이나 저녁에 잠시 침묵과 고독에 빠져들 수 있는 조용한 장소를 찾아라. 가족이 많아 번잡하거나 작은 아파트라서 조용한 장소를 찾는 것이 불가능할 때, 나는 남들보다 훨씬 일찍 일어나거나 밤늦은 시간까지 기다린다. 침대에 눕거나 욕실을 이용하거나 혹은 독서를 할 때처럼 구석에 앉는다. 어디에 있든지 문을 닫고 혼자 머물 수 있는 방이 있으면 가장 좋다.

익숙한 장소에서 방해받지 않을 수 있으면 기도하는 데 도움이 된다. 작은 성화상이나 영적으로 도움을 주는 그림을 앞에 두고 촛불을 밝힌다. 이러면 의식적으로 하느님의 현존을 떠올릴 수 있다.

그러다가 마음속 산만한 생각들이 점차 잦아든다. 이때 인생은 짧고 오늘은 영원함을 묵상할 수 있게 되며 지금 이 순간에 더 주의를 기울일 수 있다. 누군가 "인생은 지금 여기에 있지만 우리는 다른 일을 하느라 바쁘다."라고 말했다. 그럴 때 이 촛불은 내가 귀하게 얻은 이 소중한 시간에 깨어 있도록 슬쩍 건드린다.

《로버트 윅스의 영적 성장》
로버트 J. 윅스 지음, 이찬 옮김

지금 이 순간에 집중할 때 인생의 소중함을 느낄 수 있습니다.
하느님 곁에 머물기 위해 내가 선택할 수 있는 습관은 무엇일까요?

년   월   일

066

비상

옛날에 사람들은 어미 독수리가 벼랑에 있는 둥지에서 새끼를 밀어내어 새끼가 나는 것을 배우게 했다고 믿어 왔다. 이것은 우리에게 일어나고 있다고 느끼는 것을 아주 잘 보여 준다.

하느님은 우리가 전혀 할 수 없다고 느끼는 것에 우리를 밀어 넣으시는 듯하다. 그때 우리는 하느님이 아직도 우리를 사랑하시는지 의심하게 된다. 그분은 우리가 들어 있는 둥지에서 우리를 밀어내신다. 마치 새끼 독수리가 절망적으로 날개를 퍼덕이듯, 우리도 벼랑 밑으로 떨어지는 것과 비슷한 느낌을 갖는다.

그런데 하느님은 어미 독수리처럼 날쌔게 내려오시어 우리가 돌에 부딪히기 직전에 우리 몸을 붙잡아 주신다. 새끼 독수리가 날게 될 때까지 이러한 과정이 되풀이된다. 우리도 이처럼 여러 번 다루어진 다음에야, 우리가 처음 믿었던 것처럼 이것이 그렇게 위험한 것은 아니었다고 깨닫게 된다.

《침묵의 대화》
토마스 키팅 지음, 엄무광 옮김

벼랑 끝에서 우리는 하느님을 신뢰하는 법을 배울 수 있습니다.
하느님께서 나를 밀어내고 계시다고 느낀 적이 있나요?

년   월   일

우리 주변에

"내가 완전히 정화될 때를 기다린 다음에 다른 사람에게 봉사하고 자비의 활동을 해야 하는 것인가?"

이에 대해 예수님은 이렇게 대답하신다.

"너희는 내가 굶주렸을 때에 먹을 것을 주었고, 내가 목말랐을 때에 마실 것을 주었으며, 내가 나그네였을 때에 따뜻이 맞아들였다."(마태 25,35)

이 말씀에서 보면, 사랑을 실천하는 것이 큰일처럼 여겨지지 않는다. 그것은 다른 이에게 한 잔의 물, 웃음, 그리고 고통 중에 있는 사람에게 관심을 보이는 것을 뜻할 수 있다.

우리는 유엔에 가서 연설하거나 정상 회담을 위해 모스크바로 갈 때까지 기다릴 필요가 없다. 우리가 가는 곳 어디에서든지 이웃집이나 버스 안에서 또는 가정 안에서 무엇인가를 필요로 하는 사람들이 있다.

《침묵의 대화》
토마스 키팅 지음, 엄무광 옮김

사랑을 실천하는 길은 평범한 일상 속에 숨어 있습니다.
사랑을 너무 거창하게 생각하여 실천을 미룬 적은 없나요?

년   월   일

067

진실된 물음

하느님의 뜻을 식별하기 위해서는 "이것이 옳은가? 틀렸는가?"라고 묻지 말고 "하느님의 겸손한 사랑을 내 삶에 받아들일 준비가 되어 있는가? 그리고 이 사랑이 드러내는 진리를 매일 삶으로 드러낼 수 있는가? 내 기대와 추측을 내려놓고 사랑의 요구를 따를 것인가? 마음 깊은 곳에서 말씀하시는 성령의 목소리를 듣고 있는가?" 하고 물어야 한다.

우리가 진실되고 자유로이 응답하도록 이끄는 것이 무엇이든, 그것이야말로 각자의 마음속에서 울려오는 소리이며, 하느님께서 나를 위해 마련하신 뜻임을 기억해야 한다.

《주님과 함께하는 10일의 밤》
일리아 델리오 지음, 이형규 옮김

하느님의 뜻을 식별하려면 사랑과 진리에 마음을 여는 용기가 필요합니다.
하느님께서 나에게 마련해 주신 뜻을 알기 위해 내면에 귀 기울여 보세요.

년   월   일

우리 안의 그분

하느님은 당신이 창조하신 피조물을 보고 기뻐하시며, 우리 각자를 인격적으로 사랑하신다. 그러므로 기도는 내 안에서 숨 쉬시고, 내 삶의 영이 되고자 하시며, 삶의 완성으로 나를 이끌고자 하시는 하느님의 갈망이다. 내가 기도할 때, 곧 내가 하느님과 함께 숨 쉴 때, 나는 하느님 생명과 가까워지게 된다.

프란치스코회 신학자였던 보나벤투라 성인은 "하느님은 우리 자신보다 우리에게 더 가까운 분이시다."라고 했다.

우리는 기도를 할 때 우리 삶 안에 머물고 계시는 친밀하신 하느님을 깨닫게 된다. 세상이 타락하였을지라도 언제나 사랑 안에서 신실하신 그분을 깨닫게 된다.

《주님과 함께하는 10일의 밤》
일리아 델리오 지음, 이형규 옮김

기도는 내 곁에 계신 하느님을 알아차리는 일입니다.
하느님께서는 나를 어디로 이끌고자 하시나요?

년   월   일

말씀과 함께 걷기

"제가 비록 어둠의 골짜기를 간다 하여도 재앙을 두려워하지 않으리니 당신께서 저와 함께 계시기 때문입니다."(시편 23,4)

저는 이 말씀을 마음에 새기면서 하느님이 제가 가는 길을 지켜 주신다고 느낍니다. 이는 제가 가는 길이 저를 삶으로 인도해 준다는 믿음을 지니게 해 줍니다.

이처럼 성경 말씀을 깊이 묵상하면서 걸어 보세요. 그렇게 하면 걷는 것이 무엇을 의미하는지 깨닫고, 우리가 평범하고 단순한 행동을 할 때에도 깊은 신앙 체험을 할 수 있다는 것도 알게 될 것입니다. 우리가 가는 모든 길을 하느님이 지켜 주신다는 것을, 하느님이 우리와 함께 가시고 우리를 자유, 사랑, 평화의 길로 이끌어 주신다는 것을 깨닫게 될 것입니다.

《안셀름 그륀의 기적》
안셀름 그륀 지음, 황미하 옮김

평범한 일상과 단순한 행동을 통해서도 깊은 신앙 체험을 할 수 있습니다.
오늘 하루, 신앙의 의미를 되새기며 찬찬히 걸어 보세요.

　　　　　　　　　　　　　　　　　　　년　　　월　　　일

그랬더라면

    자기 전에 서서 양 손바닥을 위를 향해 대접 모양으로 펴 보세요. 그다음 오늘 하루를 하느님 앞에 내놓으세요. 그러면서 온갖 "가졌더라면"과 "그랬더라면"을 포기합니다. 오늘 하루를 더 이상 바꿀 수 없습니다. 그러나 하느님이 이미 지나간 하루를 축복으로 변화시켜 주시리라고 믿습니다.

    그런 가운데 오늘 하루를 내려놓습니다. 오늘 하루를 하느님 앞에 내놓고, 그분의 사랑 속에서 그것을 내려놓습니다. 대접 모양으로 편 양 손바닥은 우리가 이제 누울 침대를 상징하기도 합니다. 침대에 누워 우리는 하느님의 따뜻한 손안에서 편히 쉴 것입니다. 그것은 잠 못 이룰까 드는 걱정을 가져갑니다. 이제 긴장이 풀리고 마음이 안정됩니다.

    잠을 자느냐 못 자느냐는 더 이상 중요하지 않습니다. 밤은 휴식의 시간입니다. 우리 자신을 내려놓고 나를 감싸안아 주시는 하느님의 품에 안길 수 있으니까요.

《안셀름 그륀의 기적》
안셀름 그륀 지음, 황미하 옮김

걱정과 후회를 내려놓고 하느님 품 안에서 평화로운 밤을 맞이하세요.
오늘 하느님 앞에 내려놓아야 할 일은 무엇인가요?

년   월   일

성장의 기회

내적인 피로는 성장의 기회다. 머릿속에서 스트레스가 시작되고, 번아웃의 원인을 자신에게서 찾을 때 변화가 시작된다. 나를 채근하는 내적 상황에 저항할 수 있으며 업무를 새로이 평가하는 법도 배울 수 있다. 균형 잡힌 생활도 영위할 수 있다.

변화에 도전하는 사람은 종종 위기를 헤쳐 나간다. 한계야말로 자신의 가능성을 발견하고 신뢰감을 일깨우며 자신의 삶을 받아들이게 한다. 지친 사람은 자기 자신에 갇히며 무력감에서 벗어나는 출구가 없다고 생각한다. 그러나 자신과 일에 대한 반감을 더는 감추지 못할 때 변화가 이루어진다.

우리는 스스로를 더 받아들이려고 노력하지만 대개는 무척 힘이 든다. 나의 한계를 벗어나지 못하고 현실적인 태도를 갖는다. 그러나 피로에서 벗어나는 길이 우리를 성장으로 이끈다. 다시 자신을 믿고, 나와 다른 사람 안에서 치유의 힘을 키워 나가면 된다.

《하느님도 쉬셨습니다》
페터 아벨 지음, 임정희 옮김

내적 피로는 진정한 성장과 자기 발견의 기회가 될 수 있습니다.
내 피로와 스트레스의 원인은 무엇이며, 이를 어떻게 해결할 수 있을까요?

년   월   일

고요한 기적

나치 체제하에서 양심과 신앙을 지키려다 처형당한 예수회 신부 알프레드 델프는 사형수 감방에서 이렇게 썼다.

"세상은 하느님으로 가득 차 있습니다. 마치 만물의 모든 숨구멍에서 하느님이 우리를 향해 솟아나오는 것 같습니다. 그러나 우리는 때로 통찰력이 부족합니다. 행복한 시간과 불행한 시간 속에 서성이지만, 하느님에게서 시간이 흘러나오는 근원까지는 경험하지 못합니다. 아름다움을 위한 시간과 슬픔을 위한 시간도 마찬가지입니다. 하느님은 모든 시간 속에서 만남을 축복해 주십니다."

벌거벗은 나 자신을 바라보는 영혼의 공허함 속에서 고요한 기적이 일어난다. 고요한 마음속에서 하느님이 나타나신다. 방향의 전환이 이루어지며 영혼은 삶 속에서 새로운 신뢰와 단순함을 준비한다. 그 안에 머물면서 내적 소명으로 돌아가게 된다.

《하느님도 쉬셨습니다》
페터 아벨 지음, 임정희 옮김

하느님께서는 우리가 자신을 마주할 때 나타나 새 삶으로 이끌어 주십니다.
불행하고 슬픈 시간이 내 안에 일으킨 변화는 무엇인가요?

년   월   일

고백, 세상을 잇는 힘

 고백으로 새로운 상태를 선포하면서 우리는 세상으로부터, 더 나아가 우리 자신으로부터 숨기고 있던 무언가를 연료로 새로운 빛을 밝혀 남들에게 다가가게 된다. 비밀을 유지하는 것은 처벌을 회피하는 것일 뿐 아니라 용감한 다음 걸음 내딛기를 거부하는 것이다.

 처벌과 고백을 혼동하지 않으려면 일단 스스로에게 고백하고 자신의 가슴과 마음이라는 사적 공간에 단단하게 걸음을 내디뎌야 한다. 그다음에 이를 최선의 언어로 바꾸어 세상에 내보이면 된다. 우리는 이를 통해 이전에 타협하지 못했던 두 세상을 잇고자 시도하는 것이다.

《위로》
데이비드 화이트 지음, 이상원 옮김

고백은 진실을 드러내고 단절된 두 세상을 잇는 통로입니다.
다음 걸음을 내딛기 위해 나는 어떤 노력을 하고 있나요?

　　　　　　　　　　　　　　　　　　　　년　　　월　　　일

070

실망의 의미

    실망은 우리에게 다음과 같은 커다란 질문을 던진다. 실망을 경험하고 바닥까지 내려가 자기 자신과 자기 세계를 더 확실하게 알고, 이 세상에서 우리에게 좋은 것은 무엇인지, 무엇을 할 수 있는지 깨달을 것인가, 아니면 그저 상처로만 생각해 더 이상 파고들지 않은 채 도피해 버릴 것인가.

    실망은 변화의 벗이고 자신과 남들을 더 정확하고 관대하게 평가하도록 해 줄 기회다. 실망은 의지력의 시험대이자 우리를 회복할 수 있도록 해 주는 촉매제다. 실망은 진화하는 삶의 최전선과 마주하는 것, 한 가지 모습이리라 기대했지만 금방 다른 모습, 더 어렵고 낯설며 거대하게 바뀌어 버리면서도 결국에는 더 큰 보상을 안겨 주는 그 현실로 들어가는 것이다.

《위로》
데이비드 화이트 지음, 이상원 옮김

피하지 않고 온전히 들여다볼 때 실망은 비로소 회복의 시작점이 됩니다. 실망했던 기억을 떠올려 보고, 여기서 무엇을 배울 수 있을지 생각해 봅시다.

년   월   일

071

사랑의 십자가

하느님의 마음을 조율하는 것은 인간이 아니다. 하느님께서 이미 늘 그 안에서, 사랑하지 않는 죄인 안에서 사랑받는 자녀를 보셨고, 그 사랑으로 바라보셨고, 귀하게 여기셨다.

아무도 메마른 개념들로 이 신비를 해체하지 못하리라. 어떻게 하느님께서 더 이상 내 안에서 나의 죄를 보지 않으시고 그 죄를 짊어지시는 사랑하시는 아드님 안에서 보시는지를, 어떻게 하느님께서 그 죄를 수난의 사랑 가운데 변모하게 하시고, 찾아내시고, 내가 당신 아드님이 아프게 사랑하는 대상이기 때문에 나를 사랑하시는지를, 어떻게 그리되는지를 남김없이 설명할 수 없으리라.

그러나 사랑하시는 이로서 하느님께서 우리를 보시는 그대로가 우리가 존재하는 그대로다.

《남겨진 단 하나, 사랑》
한스 우르스 폰 발타사르 지음, 김혁태 옮김

하느님께서는 죄가 아닌 사랑받는 자녀로서 우리를 바라보십니다.
하느님께서 나를 귀하게 여긴다는 사실을 묵상해 봅시다.

년   월   일

그리스도인의 희망

 인간들 사이의 증오와 실망, 비난의 가시적 심연들로 이루어진 세상의 삶을 바라보는 시선을 돌리지 않고, 그리하여 실제 앞에서 자신을 닫지 않는 이는, 구원에 대한 순전히 개인주의적인 이해를 바탕으로 스스로 비구원으로부터의 자기만의 출구를 만들어 내는 함정 따위에는 빠지지 않을 것이다. 다른 이들은 영원히 도는 지옥의 바퀴 아래 내버려 두면서 말이다.
 하느님께서 세상을 너무나 사랑하신 나머지 아들을 세상을 위해 전부 내어 주신 것처럼, 하느님의 사랑을 받는 이도 동료 창조 세계와 함께 구원받기를 바랄 것이고, 모두를 위한 보속의 고통에서 자신에게 할당된 부분을 거부하지 않을 것이다. 그리스도교적 희망 안에서, 곧 그리스도인에게 유일하게 허락된 희망, 모든 인간의 구원을 바라는 희망 안에서 말이다.

《남겨진 단 하나, 사랑》
한스 우르스 폰 발타사르 지음, 김혁태 옮김

모든 사람의 구원을 염원할 때, 하느님의 보편적 사랑에 참여할 수 있습니다.
하느님께서 세상을 위해 모든 것을 내어 주신 이유는 무엇일까요?

년   월   일

072

연옥과 지옥

하느님의 은총과 사랑 안에서 죽었으나 완전히 정화되지 않고 하느님 나라에 들어가는 데 필요한 거룩함을 얻기 위해 머무는 곳을 교회는 '연옥'이라고 말합니다. 연옥은 선택된 이들이 거치는 정화의 과정이지 '지옥'처럼 단죄를 받는 이들이 머무는 곳은 아닙니다. 오히려 '지옥'은 하느님이나 이웃, 그리고 우리 자신에 대해 중한 죄를 지은 이들에게 주어진 곳입니다. 즉 죽을 죄를 뉘우치지 않고 하느님의 자비로우신 사랑을 받아들이지 않은 채 죽은 이들에게 주어진 곳이지요.

여기서 중요한 것은 교회가 죽음 이후에 벌어질 일들에 대해 겁을 주거나 협박을 하려는 것이 결코 아니라는 사실입니다. 오히려 지금 이 순간을 살아가는 이들에게 하느님의 길을 충실히 살라는 초대를 하는 것입니다.

《함께 기도하는 밤》
이영제 지음

연옥은 단죄의 장소가 아니라 정화를 위한 희망의 여정입니다.
하느님의 자비와 사랑을 거부한다는 것은 무엇을 의미할까요?

년   월   일

기도의 참뜻

때때로 기도했는데도 도움이 되지 않을 경우는 왜 있는 것일까요?

첫째, 우리가 충분히 열성적으로 기도하지 않았기 때문입니다. 사실 우리는 겨우 몇 번 기도하고 왜 기도에 답을 주시지 않느냐고 화를 냅니다. 모든 것이 속전속결로 처리되어야 하는 요즘 세상에서, 인내와 끈기에 뿌리를 내려야 할 기도가 동전을 넣으면 원하는 것이 바로 나오는 자판기가 되어 버렸습니다. 하느님께서는 전적인 헌신과 무한한 믿음, 끝없는 기다림으로 우리를 만나고자 하시는데 우리는 우리 이야기만 하고 그분의 마음을 헤아리려 하지 않습니다.

둘째, 우리가 그릇된 것을 청했기에 기도에 대한 응답이 없고 그래서 기도는 아무런 도움이 되지 않는 것으로 생각할 수 있습니다. 기도는 하느님과의 친밀한 관계를 형성하여 그분과 더욱 일치할 수 있도록 이끌어 줍니다. 이를 통해 하느님의 뜻을 받아들이고 그 뜻을 각자의 삶 속에 열매 맺도록 노력하는 것입니다.

《함께 기도하는 밤》
이영제 지음

기도는 우리가 하느님의 마음을 헤아리고 그분과 하나 되는 길입니다.
기도할 때 무엇이 나를 방해하나요?

년   월   일

073

하느님의 선물

　교만은 겸손으로 치유한다. 스스로를 내세우지 않는 법을 배우고, 우리에게 좋은 것이 무엇인지 아시는 하느님의 손에 우리 삶을 맡기는 법을 배우는 것이다. 여기서 인간의 자유와 지성을 부정하는 것은 아니다. 이와 반대로, 삶을 그분의 손에 맡기면 우리의 기대, 욕망, 희망을 뛰어넘는 무언가에 우리 자신을 열게 된다.

　이렇게 되기 위해서는 모든 것을 선택하거나 고려하겠다는 생각은 어느 정도 단념해야 한다. 악마 루치펠의 죄가 무엇이었는지 생각해 보면 완전하고 아름다운 삶의 선물을 거부하고 자신의 고유한 방법으로 그 삶을 달성하길 원했다는 것이었음을 떠올릴 수 있다. 예수님은 우리에게 말씀하신다.

　"나는 너희를 더 이상 종이라고 부르지 않는다. 종은 주인이 하는 일을 모르기 때문이다. 나는 너희를 친구라고 불렀다."(요한 15,15)

《침략할 수 없는 성채》
기 에마뉘엘 카리오 지음, 조연희 옮김

하느님께 우리 삶을 맡기는 겸손 안에서 새로운 차원의 삶이 시작됩니다.
나에게 진정으로 좋은 것은 무엇이라고 생각하나요?

년   월   일

교만을 치유하는 방법

교만을 모든 다른 죄가 들어오는 출입문으로 여기자. 그러면 하느님이 주시는 큰 기쁨을 발견할 것이다.

그 뒤 잠시 침묵의 순간을 가지자. 소음에서 벗어나 십자가 앞에 겸허하게 기도드리며 10분이나 15분 동안 침묵의 시간을 가지자. 단식과 마찬가지로 침묵은 우리를 '비워 내고' 우리의 부족함을 느끼게 한다.

이와 더불어 겸손한 마음을 갖게 해 주는 순간들을 보내기로 선택할 수도 있다. 식사 중에 지인의 말에 귀를 기울이고 어느 것이든 내 의견을 앞세우지 않겠다고 결심하는 것이다.

또한 가진 것 없는 이들을 위해 봉사하는 것은 교만을 치유하는 아름다운 방법 중 하나다.

《침략할 수 없는 성채》
기 에마뉘엘 카리오 지음, 조연희 옮김

침묵과 겸손, 봉사를 통해 하느님께 기쁨을 드릴 수 있습니다.
내 안의 교만을 어떻게 다스려야 할까요?

년   월   일

늘 곁에 계신 그분

하느님께서는 우리 믿음이 약하다는 것을 잘 알고 계십니다. 저를 포함해서 우리 모두는 믿음이 약한 인간들입니다. 그리고 그분께서는 우리가 걷는 지상 여정이 고통스러울 수 있다는 사실을 잘 알고 계십니다.

우리는 우리 모두가 불안과 근심의 씨앗에서 태어났다는 사실을 알고 있습니다. 우리는 더 완전해지고 싶어 노심초사합니다. 종종 틀린 길을 가기도 합니다. 하지만 우리의 불안과 근심이 예수님을 만나면, 은총이 시작됩니다. 그분께서 부활하셨기 때문입니다.

우리를 구원하시기 위해 죽음을 건너가신 분이 주님이십니다. 우리가 주님을 찾으려고 하기 전에 이미 그분께서는 우리 곁에 계십니다.

우리는 때때로 어둠 속에서 "주님! 주님!" 하고 외칩니다. 주님께서 멀리 계시고 우리 목소리를 듣지 못한다고 생각하면서 말이죠. 하지만 예수님께서는 어느 순간에 대답하십니다.

"나 여기 있단다!"

《하느님과 다가올 세계》
프란치스코 교황 · 도메니코 아가소 지음, 이재협 옮김

주님께서는 결코 우리를 홀로 두지 않으십니다.
지금 내 안에 있는 불안과 근심은 무엇인가요?

년   월   일

우리를 일으키는 힘

　희망은 여러 난관에도 불구하고 미소를 잃지 않는 것입니다. 희망은 어떤 어려움 속에서도 터널 깊은 곳을 비춰 주는 빛입니다. 희망은 우리가 고갈됐다고 생각하는 바로 그 힘의 원천입니다. 악은 희망을 줄어들게 할 수 없습니다. 희망은 여러 복잡한 문제나 장애물에 직면할 힘을 주고 극복할 수 없다고 생각되는 상황에도 마주할 힘을 줍니다.

　희망은 악이 교활하게 침투하지 못하도록 우리를 보호하고, 나아가 좌절, 체념, 절망, 비관주의 같은 것들에서도 우리를 보호합니다. 희망은 포기하려는 유혹을 이겨 내도록 해 줍니다. 희망은 역경 가운데서도 웃는 법을 알려 줍니다.

　이 어두운 밤이 도저히 끝나지 않을 것처럼 느껴지기도 할 것입니다. 우리 자신이 무능력하게 느껴지고, 길을 잃은 듯 느껴져 좌절하기도 할 것입니다. 그때 희망을 간직하고 희망을 전하는 것은 다가올 세계의 참 기쁨과 참된 신앙의 선포자가 되는 것을 의미합니다.

《하느님과 다가올 세계》
프란치스코 교황 · 도메니코 아가소 지음, 이재협 옮김

희망은 어둠을 밝히는 하느님의 빛입니다.
나는 어떤 희망을 안고 살아가고 있나요?

년   월   일

사랑에 대하여

창조주나 피조물이나 사랑이 없을 적이 없나니
자연의 사랑이나 마음의 사랑이 그러함을 너 아느니라.
자연의 사랑이야 매양 그릇됨이 없어도
다른 사랑은 목적이 나쁘거나 그 힘이 적거나
너무 지나치는 까닭에 그르칠 수 있느니라.
사랑이 으뜸가는 복을 향하고 버금의
선善으로 제 스스로를 알맞게 맞추기만 하면
죄스러운 쾌락의 까닭이 될 수 없으리라.
그러나 악으로 기울거나 아니면 선을 좇는다
치더라도 정도에 넘거나 처지게 되면
피조물은 창조주를 거스르는 짓을 하게 되느니라.
이로써 너 알 수 있을지니, 사랑이란 너희 안에
온갖 덕을 심어 주기도 하고 벌 받을
모든 짓거리도 심어 주기 마련이니라.

《단테의 신곡 (하)》
단테 알리기에리 지음, 최민순 옮김

사랑이 악을 향하거나 지나칠 때는 죄가 되지만, 선을 향할 때는 복이 됩니다.
사랑이 하느님께로 향하게 하려면 마음을 어떻게 다루어야 할까요?

년   월   일

075

오직 그분

탈을 쓰고 있던 사람들이 스스로 가리었던
제 것 아닌 얼굴을 벗고 나면
처음과는 전혀 다르게 보이는 것처럼
그와도 같이 꽃들과 불꽃들이 나에겐
마치 축제로 변하여서 나는 하늘의
궁궐이 둘로 나타나는 것을 보았노라.
오, 나로 하여금 참다운 왕국의 드높은
개선을 보게 한 하느님의 빛이여,
나의 본 것을 그대로 말할 힘을 내게 주시라.
저 피조물에게 조물주를 볼 수 있게
해 주는 빛은 위에 있으니 오직 그를
봄으로써 그 안에서만 저는 제 평화를 갖는도다.

《단테의 신곡 (하)》
단테 알리기에리 지음, 최민순 옮김

하느님의 빛 앞에서 우리는 비로소 평화를 찾을 수 있습니다.
하느님께서 주신 평화에 어떻게 보답할 수 있을까요?

년   월   일

되돌아보기

1. 내 생각에 변화를 일으킨 책과 가장 인상 깊었던 문장은 무엇인가요?

2. 하느님과 나를 멀어지게 하는 것은 무엇인가요?

3. 내가 가장 극복하고 싶은 유혹은 무엇인가요?

4. 올바른 결정을 내리기 위해 어떤 노력을 할 수 있을까요?

5. 이 장을 마치며 얻은 깨달음과 변화를 정리해 보세요.

4장

사랑을 실천하다

다른 이들을 위해 드리는 기도

주님,
오늘 밤 깨어나거나 우는 이들을 지켜 주소서.
천사들과 성인들이 잠자는 이들을 돌보게 하소서.
죽어 가는 이들을 축복하시고,
고통받는 이들을 위로하소서.
어려움에 처한 모든 이에게 자비를 베푸시고,
기쁨에 넘치는 이들을 안전하게 보호해 주소서.
이 모든 것을 당신의 사랑으로 해 주소서.
아멘.

— '아우구스티노 성인의 저녁 기도'

당신과 우리

    희망이 피어나는 데는 단 한 사람이면 충분합니다. 그리고 그 한 사람이 바로 당신일 수 있습니다. 여기에 또 다른 '당신'이 더해지고, 또 다른 '당신'이 모여들면서, 우리는 비로소 '우리'가 됩니다.

    우리 그리스도인에게 미래란 곧 희망이란 이름으로 불립니다. 희망을 품는다는 것은 인류가 겪는 악의 비극을 외면하는 순진한 낙관론과는 다릅니다. 진정한 희망이란 어둠 속에 갇히지 않고, 과거에 발목 잡히지 않으며, 현재에 안주하지 않고, 내일을 밝게 바라볼 줄 아는 마음의 힘입니다.

    우리 그리스도인은 안주하지 않고 기뻐하며 살아가야 합니다. 행복은 언제나 만남을 통해 찾아옵니다. 우리 곁의 모든 이를 그리스도를 직접 만나는 소중한 기회로 삼아야 합니다. 이 시대의 복음화는 바로 이런 기쁨과 희망이 물결처럼 번져 나갈 때 이루어질 것입니다.

《희망》
프란치스코 교황 · 카를로 무쏘 지음, 이재협 · 김호열 · 이창욱 · 가비노 김 옮김

우리 모두 희망의 시작이며, 복음은 그 안에서 살아 움직입니다.
다른 사람에게 어떻게 희망을 나눌 수 있을까요?

　　　　　　　　　　　　　　　　　　년　　　월　　　일

질문을 사랑할 것

하느님께서는 질문하는 이들을 특별히 사랑하십니다. 어쩌면 답을 내놓는 것보다 질문을 던지는 것을 더 귀하게 여기신다고도 할 수 있겠죠. 예수님께서는 우리에게 답을 주시기에 앞서, 가장 본질적인 질문을 스스로에게 던지라고 가르치셨습니다.

'나는 무엇을 찾고 있는가?'

이 질문을 가슴에 품고 사는 사람은 여든이 되어도 젊습니다. 하지만 이런 질문을 한 번도 해 보지 않은 사람은 스무 살이어도 이미 늙은 것이나 다름없죠. 시인 릴케가 말했듯이 교육이란 "질문들을 사랑하는 것"입니다. 질문이 살아 숨 쉬게 하고, 그 질문과 함께 걸어가는 것이죠.

《희망》
프란치스코 교황 · 카를로 무쏘 지음, 이재협 · 김호열 · 이창욱 · 가비노 김 옮김

하느님께 나아가는 길은 질문을 멈추지 않는 데서 시작됩니다.
나는 지금 어떤 질문을 품고 살아가고 있나요?

년   월   일

077

진심으로 헤아릴 것

제가 집회서에서 자선에 관하여 아주 감명 깊게 읽은 구절은 "궁핍한 눈들을 기다리게 하지 마라."(집회 4,1)라는 것입니다. 자선을 해 본 사람, 또는 받아 본 사람만이 할 수 있는 말이라고 생각합니다.

"배고픈 사람을 서럽게 하지 말고 …… 없는 이에게 베푸는 일을 미루지 마라."(집회 4,2-3)

토빗이 "누가 네 일을 해 주었든지 그의 품삯을 다음 날까지 쥐고 있지 말고 바로 내주어라."(토빗 4,14)라고 말하는 것도 같은 맥락입니다.

자선을 베푸는 사람은 생색을 내면서 주기를 미루고 천천히 줄 수 있습니다. 받는 사람의 입장에서는, 덜 곤궁한 사람이라면 언짢아하며 받지 않을 수도 있겠지만, 정말 곤궁한 사람이라면 그 궁핍한 눈들이 더 서럽게 됩니다. 그래서 성경에서는 단순히 자선을 베풀라고 하는 데에 그치지 않고, 그 곤궁한 이들의 처지를 진심으로 헤아릴 것을 촉구합니다.

《구약의 역사 설화》
안소근 지음

자선은 물질을 넘어 마음을 나누는 데까지 나아가야 합니다.
오늘 내가 다른 사람을 도울 방법이 있을지 유심히 살펴보세요.

년   월   일

 077

의로운 일, 자선

마태오 복음서 6장에서 예수님께서는 올바른 자선과 기도와 단식에 대해 말씀하시는데, 그 배경은 이 세 가지가 예수님 시대의 유다교에서도 중요한 신심 행위들로 간주되었다는 데에 있습니다. 그 첫머리에서 "너희는 사람들에게 보이려고 그들 앞에서 의로운 일을 하지 않도록 조심하여라."라고 하시고 이어서 "네가 자선을 베풀 때에는……."(마태 6,1-2)이라고 하시는 것을 볼 수 있는데, 사실 히브리어에서는 자선을 지칭하여 '정의'라는 단어를 사용했습니다. 자선이 곧 '의로운 일'이었던 것이지요.

그리스어 단어 '자선'은 '자비로움'을 뜻하는 단어에서 파생되지만, 구약성경에서 자선은 불쌍한 마음이 동해서 베풀어 주는 호의가 아니라 정의로운 사람이라면 마땅히 행해야 하는 사회적인 의무였습니다.

《구약의 역사 설화》
안소근 지음

 자선은 신앙인의 책임이자 의무입니다.
오늘 자비를 베풀 일이 있다면, 기꺼이 마음을 나눠 볼까요?

년   월   일

자신을 낮출 것

겸손한 영혼은 자신의 선행을 드러내 보이지 않습니다. 자신의 선행을 부인하는 것이 아니라, 그 공을 오로지 하느님께 돌리는 것입니다.

그러나 교만한 영혼은 타인에게 어떠한 도움도 받지 않으려고 합니다. 그는 자신의 장점과 선행을 오로지 본인의 공으로 돌립니다. 흔히 타고난 능력이 뛰어날수록 고개를 숙일 줄 모릅니다. 또한 마치 제왕 같은 태도로 타인을 대합니다. 자신을 지나치게 과대평가하고 남에게 위압적인 사람일수록 타인을 밟고 올라야 할 무의미한 계단으로 여깁니다. 그러나 이러한 교만의 가시는 남은 물론 나 자신도 심각하게 망가뜨립니다.

하느님의 사랑을 깨닫고 나의 잘못에 주의를 기울이며, 약자를 섬기기 위해 스스로를 낮추십시오. 이것이 이 가시를 빼내는 유일한 방법입니다.

《가시를 빼내시는 성모님》
베르나르-마리 지음, 조연희 옮김

스스로를 낮출 때 우리는 진정으로 자신을 치유할 수 있습니다.
나는 타인의 도움을 감사히 받아들이며, 하느님께 공을 돌리고 있나요?

년   월   일

겸허히 나아갈 것

이기적인 사람은 오직 자기 자신만을 섬기는 사람일 뿐입니다. 그들은 스스로의 안위만을 걱정하며 자신이 마치 태양과도 같다고 여깁니다. 모든 행성들은 태양을 섬기기 위해 그 주위를 돌아야 하니까요.

이 세상은 영원보다는 순간을, 기쁨보다는 쾌락을 중시합니다. 또한 재물을 올바로 나누기보다 독점하고자 합니다. 이런 세상에서 이기심은 흔한 결점이자, 많은 사람들이 빠져 있는 결점이기도 합니다.

그러나 성모님께서는 우리의 생명에 진정으로 필요한 것을 알고 계십니다. 그리하여 우리를 다른 사람들과 하느님 앞에 겸허히 나아가도록 이끄십니다. 오늘은 이기심을 버리고, 자신을 지나치게 과대평가하는 것에서 벗어날 수 있기를 성모님께 전구합시다.

《가시를 빼내시는 성모님》
베르나르-마리 지음, 조연희 옮김

우리의 삶은 자기 자신을 넘어 주님과 이웃을 향해야 합니다.
내 안의 이기심을 버리고 겸손을 배울 수 있기를 성모님께 전구합시다.

년   월   일

카폰 신부의 삶

"그는 인간이라기보다 영웅이요, 성인입니다. 카폰 신부는 소박하고 우직한 사람이었습니다. 왜 저런 일을 할지 의심스러울 정도였습니다. 그자들이 신부님을 죽음의 계곡으로 데려가던 날 그분이 당한 고통은 이루 말로 할 수 없었을 것입니다. 얼굴은 조용하고 목소리는 부드러웠습니다. 그러나 저는 의사로서 그의 고통을 짐작할 수 있었습니다. 그는 워낙 사적인 면이 없는 사람이고 자신의 안전이나 위안을 생각하지 않는 사람이었습니다. 그는 오직 자기의 윤리와 도덕의 법칙이 이르는 것만 행하였습니다. 그는 자신의 안전에도 크게 신경 쓰지 않았습니다. 하느님께서 그에게 전쟁의 희생자를 거들어 주라고 하시는 한 자기에게는 아무 위험도 일어나지 않는다고 생각했습니다. 그는 자신이 죽으리라는 것을 알았지만 미소를 머금고 떠났고 주위에 늘어선 사람들에게 손을 흔들어 주었습니다."

《종군 신부 카폰》
아더 톤 지음, 정진석 추기경 옮김

카폰 신부는 고통 속에서도 사랑과 영적 돌봄을 실천한 희망의 증인입니다.
주님의 뜻을 실천했던 이들의 삶을 기억하는 일이 왜 중요할까요?

년   월   일

특별한 사랑

"카폰 신부는 하느님의 부름을 받은 10년 동안 부단히 노력하고 그리스도를 본받아 그가 돌보던 사람들을 위하여 영광스럽게 생명을 바쳤습니다. 사람들은 이를 두고 비극이라고 여길지도 모릅니다. 물론 세속적인 의미에서는 그렇게 볼 수도 있겠지만 영생이라는 면에서 볼 때 그의 운명이 부러워지기도 합니다. 시간의 제한을 받는 모든 것은 하느님의 손에 있으며, 이러한 하느님의 사업이 바로 우리의 사업입니다. 에밀 카폰 신부는 말하자면 하느님의 특별한 사랑을 받았습니다. 그는 젊은 성직자로서 행복했고 열정적이었으며 영적 세계를 찾아 전진하는 사람이었습니다. 그러다가 그 절정에서 그는 고난과 죽음을 맞으며 자신의 모습을 감추었습니다. 죽을 때까지 순종한 그의 덕을 본 신자라면 누구나 하느님을 찬양할 것입니다."

《종군 신부 카폰》
아더 톤 지음, 정진석 추기경 옮김

카폰 신부가 베푼 사랑은 그리스도의 사랑과 닮아 있습니다.
나는 주변의 사람들에게 어떠한 영적 위로를 전할 수 있을까요?

년   월   일

욕망을 비우다

   욕망이 사라지고 그 자리를 관찰하고자 하는 마음이 채우면, 상대를 순수하게 바라보고 집중하려는 시선에는 모든 것이 다르게 비칠 것이다. 그러면 사람은 더 이상 유용하거나 위험하게, 재미있거나 지루하게, 온화하거나 거칠게, 강하거나 약하게 보이지 않는다.

   그럴 때 사람은 본질적인 존재가 되고 아름다워지며 독특해진다. 관찰은 연구나 비판이 아니라 애정이다. 영혼의 가장 숭고하고 바람직한 상태, 욕망 없는 사랑인 것이다.

《나의 믿음》
헤르만 헤세 지음, 강민경 옮김

욕망을 비울 때 우리는 타인의 본질을 바라볼 수 있게 됩니다.
타인을 있는 그대로 받아들이기 위해 나에게 무엇이 필요할까요?

년   월   일

일치의 은총

나는 일치를 굳게 믿으며 이 세상에서 일치만큼 신성한 개념은 없다고 생각한다. 모든 것이 신과의 일치이며, 자신을 전체에서 얼마든지 분리할 수 있는 부분으로 느낄 때, 오직 나만을 중요한 존재로 여길 때 모든 괴로움과 악이 발생한다.

나는 살면서 고통받고, 어리석은 일을 저지르고, 사고를 쳤지만, 항상 수렁에서 벗어나 자아를 잊고 일치를 느끼는 데 몸 바쳤다. 그리고 내면과 외면의 분열, 나와 세상의 분열을 환상으로 인식하고 눈을 감고서 기꺼이 일치 속으로 들어가는 데 성공했다.

물론 쉬운 일은 아니었다. 성스러움을 찾는 재능이 나만큼 부족한 사람도 없을 것이다. 그럼에도 계속 그리스도교 신학자들이 '은총'이라는 아름다운 이름을 부여한 기적을 마주했다. 속죄라는 성스러운 체험, 어떠한 저항 없이 기꺼이 동의해 일치가 이루어지는 성스러운 체험을 했다.

《나의 믿음》
헤르만 헤세 지음, 강민경 옮김

일치는 삶의 고통 속에서도 우리를 성스러움으로 이끕니다.
하느님과의 일치를 방해하는 내 안의 생각과 태도는 무엇인가요?

년   월   일

사랑의 손길

착한 목자가 되기를 원한 요한 23세는 전임자들처럼 바티칸에 머물러 있지 않고 로마 시내로 나가 사람들을 만났습니다. 1958년 성탄절에는 예고 없이, '제수 밤비노(아기 예수)' 아동 병원을 방문했습니다.

교황의 '깜짝 방문'에 아이들은 좋아서 어쩔 줄 몰라 하며 서로 교황을 먼저 보겠다고 야단이었습니다. 교황은 "너희 모두를 보려고 왔단다. 잠깐 기다리렴." 하고 말한 후에, 아이들을 차례로 만났습니다.

그러다가 심한 뇌막염으로 시력을 잃은 여섯 살짜리 남자아이의 침대에 이르게 되었습니다. 교황은 침대 가장자리에 걸터앉아 말없이 아이의 창백한 손을 한참이나 쓰다듬어 주었습니다. 그러고는 위로하듯이 이렇게 말했습니다.

"애야, 우리도 모두 눈멀 때가 많단다. 어쩌면 네가 다른 사람들보다 더 많이 볼 수 있는 선물을 받았는지도 몰라."

《우리 시대의 일곱 교황》
손희송 지음

우리는 다른 이의 고통 앞에 따뜻한 손길로 응답해야 합니다.
오늘 나는 누구에게 사랑으로 다가갈지 생각해 보세요.

년   월   일

가장 중요한 것

    베네딕토 16세 교황은 세속주의와 상대주의가 광풍처럼 몰아치는 현대 세계에서 교회가 우선적으로 해야 할 일은 '하느님의 절대적 우선권을 새롭게 조명하는 일'이라고 강조하면서 이렇게 말했습니다.

    "오늘날 하느님이 계시다는 사실과 그분이 우리에게 중요하며 우리에게 대답하신다는 사실을 깨닫는 일이 가장 중요합니다. 하느님 없이는 다른 모든 것이 제아무리 합리적이고 똑똑하다 해도 인간은 존엄성과 본래의 인간성을 잃어버리게 되고, 그 결과 근본적인 것이 무너지게 됩니다. 그렇기 때문에 우리는 오늘날 새로운 강조점으로서 하느님에 대한 질문에 우선순위를 두어야 합니다."

《우리 시대의 일곱 교황》
손희송 지음

하느님께서는 우리에게 가장 중요한 분이십니다.
하느님께서 계시지 않는다면 내 삶은 어떻게 흔들릴까요?

년   월   일

김대건 신부의 편지

　성경에 말씀하시되 작은 털끝이라도 주 돌보신다 하고 모르심이 없이 돌보신다 하였으니 어찌 이러한 군난이 주명 아니면 주상 주벌 아니랴. 천주의 성의를 따라가며 온갖 마음으로 천주 예수의 대장의 편을 들어 이미 항복받은 세속 마귀를 칠지어다.

　이런 황황한 시절을 당하여 마음을 늦추지 말고 도리어 힘을 다하고 역량을 더하여 마치 용맹한 군사가 병기를 갖추고 전장에 있음 같이 하여 싸워 이길지어다. 부디 서로 우애를 잊지 말고 돕고 아울러 주 우리를 불쌍히 여기사 환난을 걷기까지 기다리라. 혹 무슨 일이 있을지라도 부디 삼가고 극진히 조심하여 위주 광영하고 조심을 배로 더하고 더하여라.

《조선 순교자록》
아드리앙 로네 · 폴 데통브 지음, 안응렬 옮김

한국 가톨릭 교회는 박해 속에서 굳건한 믿음과 사랑을 나누며 성장했습니다.
신앙 선조들의 믿음을 되새기는 하루를 보냅시다.

년   월   일

천주의 부르심을 기다리며

"너희는 아직도 천주교가 옳은 교라고 믿고 있느냐?"

"저희는 천주교를 옳은 교로 믿고 천주를 공경하며 그를 위해서 피를 흘릴 결심을 하고 있습니다."

재판관은 이 여교우들이 자수한 것을 벌하기 위해서 다른 교우들보다 더 혹독히 때리기를 명했다. 그러나 아무리 해도 그들의 백절불굴의 용기를 이기지 못하겠으므로 마침내 사형을 선고했다.

김 루치아는 머리채가 매우 아름다웠는데 그것을 베어 어떤 교우에게 팔아 그 돈으로 국을 사서 함께 갇혀 있는 이들과 나누어 먹었다. 그가 동료에게 보낸 편지에 아래와 같은 용맹하고 감탄할 만한 글이 적혀 있다.

'나는 지금까지 천주의 은혜로 형벌과 고통 가운데에서도 굴하지 않고 결국 사형 선고를 받았습니다. 언제나 천주께서 나를 부르시려는지는 알 수 없습니다. 그러므로 우리를 위해서 천주께 기도하고 될 수 있는 대로 빨리 우리 뒤를 따르십시오. 우리는 다만 천주의 부르심을 기다릴 뿐입니다.'

《조선 순교자록》
아드리앙 로네 · 폴 데통브 지음, 안응렬 옮김

진정한 믿음은 고통 속에서도 흔들리지 않는 굳건한 의지입니다.
순교자들의 용기에서 내가 배워야 할 점은 무엇인가요?

년   월   일

함께 올리는 기도

"제가 어려운 말로 기도할 수 없는 것과 엄마가 저를 위해 어려운 말로 기도하는 것은 같은 건가요?"

그러자 엄마가 대답했다.

"그래, 그건 같은 것이란다. 엄마는 너를 위해 기도하고, 너는 엄마와 함께 기도하지. 그러나 너는 엄마를 위해서도 기도할 수 있고, 또 모든 아이를 위해서, 엄마가 없는 아이들을 위해서도 기도할 수 있단다. 그 아이들의 엄마도 곁에 있었다면 자기 아이들을 위해 기도하고, 또 어떻게 기도할지 설명해 주었을 거야. 너는 기도하기를 잊은 아이들을 위해서도, 스스로 기도하는 아이들을 위해서도 기도할 수 있어. 네가 그 아이들을 위해 기도하면 인자하신 하느님께서 그 아이들의 목소리를 더 또렷이 들으실 거야. 그리고 다른 아이들도 틀림없이 너를 위해 기도할 거야."

《기도의 세계》
아드리엔 폰 슈파이어 지음, 황미하 옮김

기도는 서로를 향한 사랑의 연결입니다.
오늘 나는 누구를 위해 기도를 바칠지 생각해 보세요.

년   월   일

083

말씀과 교류하기

  하느님의 말씀과 교류하는 법을 배우면, 주님의 말씀을 마음속에 간직하고 언제든지 끌어낼 수 있게 되면, 한결같이 기도의 마음가짐을 지니고 살아가는 법과 더는 기도에서 떨어져 나가지 않는 법을 배우게 될 것이다.

  또한 주님의 은총을 통해 예수님께서 하느님 아버지 앞에 서 계셨듯이 항상 말씀 앞에 서 있는 법을 배우게 될 것이다. 대체로 말로 표현할 필요 없이 그분과 지속적으로 교류하면서, 그리고 하느님 아버지께서 행하시고 바라시는 것에 늘 주목하면서 말이다.

  기도에서 순종의 태도가 자란다. 기도가 서서히 삶을 주도하면, 일상의 모든 사건을 하느님과 관련지어 이해하게 된다. 그런 가운데 먼저 거의 의식하지 못한 채 깨닫게 되는 점이 있다. 모든 사건과 일, 사물은 하느님을 향해 가는 신비로운 이정표가 되고 하느님께서 계심을 부분적으로 증명하며 그분께 가까이 가는 길을 제시한다는 점이다.

《기도의 세계》
아드리엔 폰 슈파이어 지음, 황미하 옮김

말씀과 교류하는 습관은 일상을 거룩하게 만드는 길입니다.
일상의 순간들을 하느님과 연결시키려는 노력을 하고 있나요?

년   월   일

하나의 영혼

주님께서는 저에게 제가 죄를 지으리라는 것을 보여 주셨지만, '저'라는 말은 모든 이로 이해되어야 합니다.

거기서 저는 약간의 두려움을 느끼게 되었습니다. 이 두려움에 대해 주님께서 대답하셨습니다.

"내가 너를 온전하게 확실히 지켜 준다."

이 말씀은 제가 말하거나 말할 수 있는 것보다 훨씬 더 큰 사랑과 안전함과 영적인 보호를 다짐해 주신 것입니다. 제가 죄를 지으리라는 것을 보여 주셨기에, 곧바로 그렇게 모든 동료 그리스도인들을 안전하게 지켜 주신다는 위로를 보여 주신 것입니다.

하느님께서 구원받아야 할 모든 영혼을 마치 하나의 영혼처럼 사랑하신다는 것을 그분 안에서 보는 것보다 무엇이 저의 동료 그리스도인들을 더 많이 사랑하게 해 주겠습니까?

《사랑의 계시》
노리치의 율리아나 지음, 강대인 옮김

하느님께서는 모든 영혼을 하나의 영혼처럼 사랑하고 보호하십니다. 모든 이를 나 자신처럼 받아들일 수 있다면 내 삶은 어떻게 달라질까요?

년   월   일

주님의 돌보심

　주님께서는 우리가 거룩한 교회의 신앙을 확고히 지니고 모든 복된 통공과 함께 참된 이해의 위로 안에서 우리의 고귀하신 어머니를 찾기를 바라십니다. 때때로 한 개인이 부서진 것으로 보이더라도, 거룩한 교회는 결코 부서지지 않고 영원히 부서지지 않을 것입니다. 그러므로 확실하고 좋은 것, 또 은혜로운 것은 우리의 어머니이신 거룩한 교회에, 곧 그리스도 예수님께 온순하고도 힘차게 결합되고 하나가 되기를 바라는 것입니다.

　자비의 음식인 그분의 고귀한 피와 귀중한 물은 우리를 충분히 아름답고 깨끗하게 만들어 줍니다. 우리 구원자의 복된 상처들이 열려 기꺼이 우리를 치유합니다. 우리 어머니의 감미롭고 자애로운 손이 우리에 관한 것을 부지런히 마련하십니다. 주님께서는 자녀의 구원에 세심한 주의를 기울이며, 이 모든 일에 자상한 유모의 직분을 활용하십니다.

　우리를 구원하시는 것이 바로 주님의 직무입니다. 우리를 위하여 일하시는 것이 그분의 영광입니다. 그것이 바로 우리가 아는 그분의 의지입니다.

《사랑의 계시》
노리치의 율리아나 지음, 강대인 옮김

주님은 감미로운 사랑과 확실한 보호로 우리를 이끄십니다.
주님께서 나를 돌보아 주심을 느끼나요?

년   월   일

085

온유와 겸손

　온화한 사람이 되십시오. 성향이나 욕망에 따라 살아서는 안 됩니다. 이성과 경건한 신앙심에 따라 살아야 합니다. 주님의 섭리로 맡겨진 사람들을 포근하게 사랑하십시오. 낮추어 겸손하게 모든 사람을 대하십시오. 마음을 평온하게 간직하여 언제나 평화를 이루십시오.

　나쁜 성향들을 억누르고, 그와 반대되는 덕행들을 애써 부지런히 실천하십시오. 덕행을 사랑하기보다 악습을 두려워하기 때문에 고통을 받는 것입니다. 이 말씀을 마음에 잘 새겨 두십시오. 참된 온유와 겸손으로 행동하도록 마음을 조금씩 다잡아 간다면 용기가 솟아날 것입니다.

　자주 온유와 겸손을 생각해야 합니다. 아침마다 일어나자마자 처음으로 하는 일을 온유와 겸손으로 하겠다고 다짐하면, 하느님께서 수많은 위로를 보내 주실 것입니다. 잊지 마십시오. 언제나 영원을 생각하며, 마음을 드높이 하느님께 올려 드리십시오.

《가시 속의 장미》
프란치스코 살레시오 지음, 강대인 옮김

온유와 겸손은 영혼을 평화로 이끄는 하느님의 섭리입니다.
내가 자주 따라가는 나쁜 성향은 무엇이며, 이를 어떻게 바꾸고 싶나요?

년   월   일

충실히 머물 것

마음을 괴롭히는 문제와 관련하여, 그대는 무엇이 치유제가 있는 문제인지 쉽게 구별할 수 있어야 합니다. 치유제가 있는 문제라면 온유하고 평화롭게 치유제를 사용하도록 노력해야 합니다. 치유제가 없는 문제라면 주님께서 보내시는 고행으로 알고 괴로움을 견뎌 내야 합니다.

주님께서는 그대를 단련시키시어 온전히 주님의 사람으로 만드시고자 그러한 시련을 주시는 것입니다. 혹여 불평하지 않도록 조심하십시오. 불평하지 말고, 그대의 마음을 다잡아 고요히 고통을 견뎌 내십시오.

갑자기 울화가 치밀어 오르더라도 끝까지 참아 온유하고 평화로운 마음을 간직하십시오. 하느님께서는 참으로 세상의 풍파에 시달리는 영혼들을 사랑하십니다. 하느님의 손에서 그러한 노역勞役을 받아들인 영혼은 마치 강인한 전사처럼 그 어지러운 싸움 속에서도 하느님께 충실합니다. 그대도 세상의 풍파 속에서 하느님께 충실히 머물도록 노력하십시오.

《가시 속의 장미》
프란치스코 살레시오 지음, 강대인 옮김

그분께서는 고통을 충실히 견뎌 내는 영혼을 더욱 사랑하십니다.
지금 내가 겪는 문제를 어떻게 치유할 수 있을까요?

년   월   일

가엾은 이들을 위한 간구

　예수가 관심을 가진 것은 비참한 현실 속에 울고 있는 이들, 가난한 마을과 부락의 낡은 오두막에 사는 병자와 불구자들이었다. 예수는 그들을 보며 마음 아파했고, 연민과 사랑의 정을 느꼈다.
　인간은 대개 아름다운 것과 매력적인 것에는 마음이 끌리지만, 추하고 더러운 것은 외면한다. 그러나 예수의 경우는 그 반대였다. 그는 오히려 사람들로부터 멸시받는 창녀나 나병 환자들에게 사랑을 느꼈다. '기적 이야기'에 등장하는 불행한 사람들, 그들의 고통이 무겁게 예수의 야윈 어깨를 짓누르고 있다. 그는 이때 이렇게 기도했을 것이다.
　"저의 하느님, 저의 하느님, 어찌하여 저를 버리셨습니까?"
　그는 머지않아 십자가 위에서 외칠 시편의 이 구절을 바치며, 갈릴래아의 비참한 사람들을 위하여 수없이 간구했다.

《예수의 생애》
엔도 슈사쿠 지음, 이평춘 옮김

예수님께서는 낮은 자리에 있는 이들을 사랑의 눈으로 바라보셨습니다.
예수님께서 고통받는 이들을 위해 간구하신 이유는 무엇인가요?

년   월   일

예수의 생애

　그들은 생전의 스승의 얼굴과 모습을 떠올렸다. 매우 지치고 쑥 들어간 눈매, 그 눈매에 슬픔의 빛이 떠오른다. 그리고 미소를 띤 그 눈에는 순박한 빛이 머무른다.
　아무것도 할 수 없었던 사람, 이 세상에서 무력했던 사람, 야위고 볼품없던 사람, 그는 단지 다른 사람들이 괴로워하고 있을 때 그것을 못 본 체하지 않았을 뿐이다. 그리고 울고 있는 여자들과 고독한 노인 곁에 묵묵히 머물렀다. 기적 같은 것은 행하지 않았지만, 기적보다도 훨씬 깊은 사랑이 그 휑한 눈에 흘러넘쳤다. 그는 자신을 저버린 이, 자신을 배신한 이에게 원망의 말을 단 한 마디도 하지 않았다. 그는 '슬픈 인간'으로, 제자들의 구원만을 간구했다.
　예수의 생애는 그뿐이었다. 그것은 하얀 종이 위에 쓰인 글자 하나처럼 간단하고 명료했다. 너무 간단하고 명료했기 때문에 아무도 알지 못했고, 알 수 없었던 것이다.

《예수의 생애》
엔도 슈사쿠 지음, 이평춘 옮김

기적보다 위대한 사랑은 고통받는 이들을 외면하지 않는 마음입니다.
누군가의 고통과 슬픔에 내가 내어 줄 수 있는 가장 진실한 위로는 무엇일까요?

년   월   일

087 성령과 기도

하느님께 직접 말씀 드리는 법을 배우는 데는 얼마쯤 시간이 걸릴 수 있습니다. 그러한 직접적인 만남은 처음부터 우리의 혀를 굳어 버리게 할 수 있습니다. 그러나 기도는 혼자서 하는 것이 아닙니다. 우리가 하는 말만이 우리의 기도는 아닙니다.

우리는 기도 안에서 움직이시는 성령의 현존에 의지하는 것입니다. 성령은 우리에게 필요한 말씀을 주시고, 마음을 변화시키시며, 우리를 하느님께 더 가까이 이끌어 주십니다. 그렇게 하여 우리의 기도는 현실적인 것이 되고, 세상을 변화시키는 힘이 됩니다.

예수님은 친히 성령이 우리와 함께 계시리라고 약속하셨습니다. 그 선물을 신뢰합시다!

《프란치스코 교황이 초대하는 이달의 묵상 : 기도》
프란치스코 교황 지음, 강대인 옮김

성령의 도움으로 우리의 기도는 세상을 바꾸는 힘이 됩니다.
성령은 나를 어떻게 이끌어 주고 계신가요?

년   월   일

함께하는 기도

 공동체 안에서 우리가 함께 바치는 기도보다 더 아름다운 것은 없습니다. 기도를 통해 우리의 마음이 모든 사람을 향한 사랑과 자비에 열려 있을 때, 우리는 서로가 서로에게 얼마나 절실히 필요한지를 깨닫게 됩니다. 한 사람의 기도가 힘이 빠지면, 다른 사람의 기도가 그 나약한 기도를 북돋아 줍니다. 한 사람이 눈물을 흘리면, 다른 사람이 자연스럽게 위로합니다.
 공동체 안에서 바치는 기도는, 우리의 예배로 일치되어, 우리를 하나 되게 합니다. 함께 바치는 기도는 우리를 모두 되살릴 수 있습니다!

《프란치스코 교황이 초대하는 이달의 묵상 : 기도》
프란치스코 교황 지음, 강대인 옮김

공동체 기도는 신앙의 숨결을 함께 나누는 살아 있는 연대입니다.
내가 다른 사람에게 힘이 되어 줄 수 있는 또 다른 방법은 무엇인가요?

년   월   일

단 한 사람

우리가 현재를 살고 있다면 비록 적은 수의 사람들에게 말할지라도 우리에게 주어진 임무를 완수할 수 있다. 단 한 명의 사람을 향해 말을 한다 해도 인류 전체가 함축되어 있기 때문이다. 하느님의 뜻은 단 한 사람 앞에서도 드러나기 마련이다. 이러한 경험을 할 수만 있다면 무한대를 경험한 것이나 마찬가지기에 무척 감격스럽다.

현재와 영원이 바로 이어진다는 사실을 알고 있다면, 우리가 하는 말을 영원의 순간에 새기도록 하나의 사랑 행위로 만들어야 한다. 우리가 하는 말을 현재라는 순간에 새길 수 있다면 우리는 오늘을 영원히 살 수 있다. 그리고 비로소 말을 하나의 사랑 행위로 만들 수도 있다.

《마음 in 말》
로랑 데볼베 지음, 권새봄 옮김

단 한마디 말이라도 영원한 사랑을 드러낼 수 있습니다.
내 말에 사랑을 담으려면 어떻게 말해야 할까요?

년   월   일

진심을 담은 말

　자신을 철저하게 가리고 보여 주고 싶은 부분만 보여 주겠다는 계산적인 태도로는 사람들의 마음을 움직일 수 없다. 자신이 하는 말을 통해 나를 드러내고 사람들의 마음을 울리기 위해 내 자신을 온전히 내어 주자.
　무엇보다 중요한 것은 자기 자신을 가두고 있는 굴레에서 벗어나는 일이다. 나를 벗어나 사람들을 만나기로 결정하는 것, 그 만남에서 모든 것이 시작된다. 갖은 기교로 말을 빼어나게 할 수도 있지만 진심이 담기지 않은 말은 공허할 뿐이다.
　베네딕토 16세 교황은 이렇게 말했다. 훌륭한 연설가는 '다른 이에게 자신을 내어 주려는 의지'를 지닌 사람이라고 말이다. 말하기 전이든 하는 도중이든 내 입에서 나오는 이 말이 내 자신을 온전히 내어 줄 수 있는 좋은 기회가 될 수 있다는 사실을 항상 기억하자.

《마음 in 말》
로랑 데볼베 지음, 권새봄 옮김

진심을 담은 말이 타인의 마음을 온전히 울릴 수 있습니다.
내가 타인에게 보여 주고 싶은 부분과 그러고 싶지 않은 부분은 무엇인가요?

년   월   일

089

완전한 이해

    나는 때때로 늦은 밤에 한결같이 자비로운 하느님께 간청했다. 아이들의 몫으로 작은 고통, 비교적 사소한 실망, 너무 잔인하게 끝나지 않은 연애, 아이들이 좋아하거나 사랑할 수도 있는 일을 마련해 달라고. 결국 부모로서 내 모든 기도는 이렇게 요약되었음을 나는 생생하게 기억한다. 아이들 대신에 나를 데려가 달라고. 아이들 대신에 내게 짐을 지워 달라고. 아이들의 식탁에 차려진 고통을 내가 받게 해 달라고.
    나는 아버지가 되고 한참 지나서야 우리를 향한 그리스도의 헤아릴 수 없이 깊은 사랑을, 그분이 자신의 고통스럽고 이른 죽음을 희생으로 받아들인 이유를 완전히 이해할 수 있었다.

《찬란한 존재들》
브라이언 도일 지음, 김효정 옮김

그리스도의 사랑은 타인의 고통을 대신 청하는 기도와 닮아 있습니다.
가족을 위해 어떤 기도를 드리고 싶나요?

년   월   일

그분을 기억하라

마지막 순간에 그와 함께 식사를 하면서 제자들은 입 안의 빵이 달면서도 쓰다고 느꼈으리라. 그들은 놀라고 지치고 두려웠고, 다들 속으로 예수가 곧 영원히 떠날 것임을 알았을 테니까. 사랑과 기쁨이 가득한, 그 상상조차 어려운 나라에서, 아버지의 오른편에 있는 그를 다시 만날 때까지. 그는 제자들을 베타니아까지 데려가, 두 손을 들어 강복하였다. 그렇게 복을 내리면서 예수는 그들을 떠나 하늘로 올라갔다.

하지만 짐작건대, 몇 시간 후 일몰 직후에, 그 열한 명의 남자는 여자 몇 명과 함께 다시 식탁 앞에 앉았다. 모두들 기쁘면서도 아픈 마음으로 빵을 떼며 그를 기억했다.

오늘날까지도 우리는 아침과 점심과 저녁때마다 그 일을 반복하고 있다. 그때마다 그대들은 영리하고 지저분하고 유난스러웠던, 상처 입은 그 남자를 기억하라. 우리는 도저히 존재할 법하지 않은 그의 존재로 구원받을 것이니. 온전한 인간이지만 사랑의 빛을 가득 머금은 우리는.

《찬란한 존재들》
브라이언 도일 지음, 김효정 옮김

예수님의 놀라운 사랑은 오늘도 우리를 구원으로 이끕니다.
우리를 구원해 주신 주님께 감사 기도를 올려 봅시다.

년   월   일

090

인생의 의미

우리는 그리스도를 따르며 사람을 낚는 어부의 사명을 수행해야 합니다. 그리고 하느님과 동떨어진 온갖 형태의 괴리로 절여진 바다에서 사람들을 건져 올려 생명의 땅으로, 하느님의 빛으로 이끌어야 합니다.

그러니 우리는 다른 이들에게 하느님을 드러내 보이기 위해 존재한다고 말할 수 있습니다. 그리고 생명은 하느님을 볼 수 있는 곳에서 참으로 시작됩니다. 그리스도 안에서 살아 계신 하느님을 만날 때만 인생의 의미가 무엇인지 알게 됩니다.

인간은 우연히 생겨난 존재가 아닙니다. 우리 각자는 하느님의 생각으로 맺어진 결실입니다. 하느님께서 우리 한 사람 한 사람을 원하셨고 사랑하셨습니다. 그렇기에 각각이 꼭 필요한 존재입니다. 복음의 진리에 놀라워하며 예수님께 향하는 것보다 더 아름다운 일은 없습니다. 예수님을 알고 다른 이들에게 그분과의 우정을 전하는 것보다 더 아름다운 일은 없습니다.

《진리의 목소리》
베네딕토 16세 교황 지음, 이창욱 옮김

하느님의 사랑을 전하는 일보다 더 아름다운 소명은 없습니다.
하느님의 사랑을 주변에 전하기 위해 어떤 노력을 할 수 있을까요?

년   월   일

사랑한다는 것

그리스도께서는 베드로 사도에게 말씀하십니다.
"내 양들을 돌보아라."(요한 21,17)

그리고 저에게도 이렇게 말씀하십니다. 양을 돌본다는 것은 사랑한다는 걸 의미하고, 사랑한다는 것은 고통받을 준비를 갖춘다는 일이라고 말이지요. 사랑한다는 것은 양에게 참된 유익, 곧 하느님의 진리, 하느님 말씀이라는 자양분을 주는 일입니다. 성체성사 안의 예수님께서 주시는 하느님의 현존이라는 자양분을 주는 것이지요.

그러므로 오직 제가 한층 더 주님을 사랑하는 법을 배울 수 있도록 기도해 주십시오. 제가 한층 더 당신의 양떼를 사랑하는 법을 배울 수 있도록 말입니다. 성교회와 교회 구성원 한 사람 한 사람을 사랑할 수 있도록, 또한 이리 앞에서 두려워 도망가지 않도록 기도해 주십시오. 주님께서 우리를 이끌어 주시고 서로의 짐을 지는 법을 배우도록 기도합시다.

《진리의 목소리》
베네딕토 16세 교황 지음, 이창욱 옮김

진정으로 사랑하는 법을 배우면 하느님의 뜻에 더 가까이 다가갈 수 있습니다.
사랑이 필요한 이웃에게 내가 건넬 수 있는 손길은 무엇인가요?

년   월   일

성모님의 편지

　내게 내린 하느님의 은총은, 나 자신을 위한 것이 아니라 장차 우리 가정에서 태어날 구세주, 내 몸에서 강생의 신비를 시작할 구세주에게 바칠 선물이었지.

　요한아, 이것이 내 공로라고 생각하지는 말아 다오. 이 모든 것은 하느님의 작품이고, 그분의 은총이란다. 나 역시 내 아들로 인해 구원된 영혼이고, 이 성업聖業을 완수하기 위해 원죄로부터 보호되었단다. 사실 이러한 신비를 이해하기까지 나에게도 시간이 필요했어. 그러나 이해하기 어려울 때에도 하느님의 은총으로 말미암아 결국은 이해할 수 있게 될 것이라 믿었단다.

　하느님은 홀로 위대하신 분이고, 사람들이 영광을 돌려야 할 분은 오직 그분뿐이야. 하느님으로 인해 우리 인간 역시 큰일을 할 수 있는 것이지.

《마리아의 비밀》
산티아고 마르틴 지음, 최효선·최선화·최진호 옮김

성모님께서 받으신 은총은 하느님의 선물이자, 고유한 사명이었습니다.
하느님께서 나에게 주신 선물을 생각하며 감사 기도를 올려 봅시다.

년   월   일

091

믿음과 희망

　믿음! 믿음이란 하느님의 사랑을 믿는 것이고, 어떤 상황에서도 하느님을 의심하지 않고 따르는 것입니다. 비록 여러분이 원하는 바대로 다 이루어지지 않는다 해도 말이지요.
　오히려 이루어지지 않을 때야말로 더욱 믿음이 필요한 때입니다. 그로 인해 희망이 움틀 것이고, 그 희망이야말로 오늘, 지금 이 어두운 사막을 견뎌 나가게 할 힘이 될 것입니다. 육신의 죽음이라는 장막 저 너머에서 우리를 기다리는 희망! 예수가 손수 낙원의 문을 열어 줄 것입니다.
　희망 없이는 지상의 수많은 시련과 장애들을 극히 한정된 인간의 시야로 견디고 지탱할 수는 없을 것입니다.

《마리아의 비밀》
산티아고 마르틴 지음, 최효선 · 최선화 · 최진호 옮김

믿음은 희망을 낳고, 희망은 현재의 고난을 견디는 힘이 되어 줍니다.
지금 나의 믿음과 희망은 무엇인가요?

　　　　　　　　　　　　　　년　　　월　　　일

모두의 하느님

건강한 영성에는 관상과 활동이 조화롭게 자리하고 있으며 어느 한쪽으로 치우쳐 있지 않습니다. 하느님에 대한 진정한 관상에 이른 사람은, 자신이 체험한 하느님 사랑, 하느님의 자비, 하느님의 좋으심을 자기 혼자만의 것으로 남기지 않고 모든 사람과 나누기 위해 세상으로 나아가 외칩니다.

우리가 믿고 고백하는 신앙은 나 혼자만 배불리 먹고, 나 혼자만 좋은 것을 누리며 혼자 천국 가서 행복하게 사는 이기적인 신앙이 아닙니다. 하느님은 모두가 영원한 행복을 누리길 원하시는 분, 그래서 우리 모두가 구원되길 원하시는 분, 우리 모두의 아버지이십니다.

《오리게네스에게 영성을 묻다》
윤주현 지음

신앙의 목적은 나 혼자만이 아닌 모두의 구원에 있습니다.
모두의 구원을 위해 내가 기여할 수 있는 일은 무엇일까요?

년   월   일

주님의 인도

　우리 삶의 주도권을 온전히 그분께 맡기는 것은 커다란 도전이자 모험입니다. 그것은 마치 고속도로에서 운전하다가 승용차의 운전대를 다른 이에게 넘겨주는 일과 같습니다. 운전대를 넘겨주는 순간부터 내 목숨은 운전대를 쥔 사람의 손에 달려 있게 됩니다.

　약속의 땅을 향해 떠난 사막의 여정에서 더 이상 내가 아니라 주님께 길 안내를 맡기는 것은 곧 우리의 현재와 미래, 우리 삶의 모든 것, 우리의 목숨을 거는 것과 같습니다. 어떤 위험이 들이닥칠지 모르기 때문에 불안하고 초조할 수밖에 없습니다. 그만큼 주님을 신뢰하고 사랑하지 않으면 할 수 없는 일입니다. 그러나 우리가 믿고 따르는 예수님은 그 누구보다 성부 하느님을 잘 알고 사랑하며 그분과 깊은 친교를 이루시는 분입니다. 예수님은 성부께서 어디에 사시는지, 어느 길을 거쳐야 그곳으로 갈 수 있는지 누구보다 잘 아십니다.

《오리게네스에게 영성을 묻다》
윤주현 지음

예수님께서는 하느님께 이르는 길을 누구보다 잘 알고 계십니다.
아직까지 내가 주님께 온전히 맡기지 못한 부분은 무엇인가요?

년   월   일

093

균형을 찾다

    우리는 언제나 주고받는 일 사이에서 균형을 잘 잡아야 합니다. 하지만 "많이 주는 사람에게는 많은 것이 필요하다."라는 격언처럼 사랑을 많이 받기 위해 다른 사람에게 사랑을 많이 베푸는 사람도 더러 있습니다. 그들은 애정을 쏟은 사람에게 사랑받기를 원할 뿐만 아니라 다른 사람에게도 인정받고 존중받기를 원합니다. 헌신적으로 사랑한다는 칭찬을 듣기를 바라는 것이지요.

    그러나 내가 받기 위해서 남에게 베푼다면, 늘 손해를 본다고 느끼게 됩니다. 먼저 사랑을 받았고, 그 사랑이 자신 안에 흘러넘친다고 느낄 때에만 지치지 않고 사랑을 베풀 수 있습니다.

    베풀기만 한다고 느낀다면 진이 빠지고, 받기만 한다면 부담만 되기 마련입니다. 그러므로 우리는 주고받는 일 사이에서, 다시 말해 다른 사람들과 자신을 돌보는 일 사이에서 균형 있는 태도를 가져야 합니다.

《딱! 알맞게 살아가는 법》
안셀름 그륀 지음, 최용호 옮김

사랑은 베풂과 돌봄 사이의 조화 속에서 피어납니다.
타인과 나 사이에서 균형을 잘 잡기 위해서는 어떻게 해야 할까요?

년   월   일

단 하루라도

　오늘날에는 주일을 지키는 전통이 갈수록 위협받고 있습니다. 토요일과 일요일에 직장에 가지 않아도, 온전히 쉬는 날이 하루도 없습니다. 일주일간 밀린 일을 하거나 또 다른 약속을 잡아 주말을 분주히 보냅니다. 또한 주일에 문을 여는 상점도 급속히 늘고 있습니다. 사람들은 그렇게 되어서 오히려 일자리도 생기고 주일에도 원하는 대로 쇼핑할 수 있다며 좋아하지요.

　그러나 그렇게 하면서 온전히 쉴 수 있는 특별한 날을 잃게 된다는 점은 인식하지 못합니다. 성경은 인간이 안식일에 쉼으로써 하느님의 휴식에 참여하게 된다고 가르칩니다. 따라서 주일을 지키는 것은 인간의 존엄성을 지키는 행위라 할 수 있습니다. 주일을 지킴으로써 인간은 생산자나 소비자에 머물지 않게 되지요. 또한 일주일에 적어도 하루를 온전히 쉬며 마음으로 의지할 대상을 찾고, 자신의 존엄성을 지키게 됩니다.

《딱! 알맞게 살아가는 법》
안셀름 그륀 지음, 최용호 옮김

주일은 하느님의 쉼에 참여하며 인간으로서 존엄을 회복하는 날입니다.
분주한 삶 속에서 하느님의 쉼에 충분히 참여하고 있나요?

년   월   일

이별의 교훈

    살아가면서 가끔 세상 천지에 아무도 없는 듯 외롭게 느껴지는 순간이 있다. 사랑하는 이와의 이별, 믿었던 이의 배신, 친구들의 몰이해를 겪는 순간이 그렇다. 사실 어떤 의미에서 우리는 참아버지이신 하느님을 알고, 그분 안에 안주하기 전까지는 영적으로 고아라고 할 수 있다.

    사랑하는 이와의 이별은 쓰라린 아픔이다. 예수님께서도 사랑하는 제자들과 이별하며 이런 위로를 건네신다.

    "나는 너희를 고아로 버려두지 않고 너희에게 다시 오겠다."(요한 14,18)

    그분은 험난한 세상에서 우리를 홀로 버려두지 않겠다고 약속하신다. 그래서 힘든 순간마다 자연스레 이 말씀을 떠올린다. 영원한 이별이 아닌 또 다른 만남이 이어지리라는 걸 알기 때문이다. 그래서일까. 예수님께서는 어떤 만남이든지 서로 적당히 사랑하는 게 아니라 당신처럼 사랑하라고 당부하신다.

《당신을 만나 봤으면 합니다》
허영엽 지음

이별은 끝이 아니라 또 다른 만남을 여는 문입니다.
이별 뒤에 내가 어떤 모습으로 치유되고 성장하길 바라나요?

년   월   일

아버지의 사랑, 그 안에서

　아버지는 장에 도착하자마자 중국집에 들어가셨다. 볶음밥을 딱 한 그릇만 시키시더니, 내 앞에 그릇을 밀어 주시고 계속 신문만 보셨다. 나는 반찬까지 모조리 허겁지겁 먹어 치웠다.
　아버지가 계산을 하실 때에야 수중에 밥 한 그릇 값밖에 없다는 것을 알게 되었다. 하루 종일 고민하시다가 저녁 무렵이 되어서야 나를 장터로 데려오신 것이었다. 돌아오는 길에 나는 아버지의 허리를 꽉 붙잡고 등에 머리를 기댄 채 아무 말도 하지 않았다. 해는 이미 서쪽으로 기울어 하늘을 붉게 물들이고 있었다.
　묵상 중에 아버지의 모습이 예수님과 겹쳐졌다. 아버지 등에 매달려 있다고 생각했는데, 어느새 예수님의 등에 기대고 있었다. 달리는 자전거 뒷자리에서 예수님의 허리를 꽉 붙잡고 있는 내 모습이 떠올랐다. 그러면서 아버지와 나 사이에 예수님께서 함께 계심을 느꼈다. 아버지의 사랑과 따스한 체온 속에 주님께서 계셨다.

《당신을 만나 봤으면 합니다》
허영엽 지음

우리의 가장 소중한 기억 속에서도 주님은 함께 계십니다.
다른 이에게서 따스한 사랑을 느낀 순간을 떠올려 보세요.

년   월   일

095 고귀한 연대

　인류 가운데 선발된 성인들은 언제나 죽은 이의 영혼을 돕기 위해 분발해 왔다. 구약 시대부터 그러했고 특히 유럽의 전란 후에는 도처에서 죽은 이를 위한 기도와 희생이 바쳐졌다. 19세기의 유명한 성직자인 미레리요 신부는 죄인을 회개시키고 연옥 영혼을 위로하기 위해서 전심 전력하고 있었다. 어느 날 신부는 자신과 마찬가지로 전교에 종사하고 있는 동료에게 말했다.
　"당신들은 무엇을 위하여 열심히 일하고 있나요? 천국을 위해서겠지요?"
　"그렇고말고요."
　"저는 천국을 위해서는 일을 하지 않아요."
　"그건 또 어째서지요?"
　"저는 연옥을 위하여 일하지요. 그리고 거기 있는 영혼들이 확실히 천국에 들어가리라고 믿어요. 저는 고행, 기도, 은사 같은 것을 모두 다 연옥 영혼을 위하여 바칩니다."
　우리도 이 훌륭한 사제를 본받자. 구원된 영혼은 우리의 보호자가 되어 우리를 천국으로 인도해 줄 것이다.

《연옥 실화》
막심 퓌상 지음, 한국순교복자수녀회 옮김

연옥 영혼을 위한 기도는 사랑으로 서로를 이끄는 고귀한 연대입니다.
연옥 영혼을 위해 나는 무엇을 바칠 수 있나요?

년   월   일

연옥 영혼을 위한 사랑

  우리는 죽은 이를 천국에 보낼 수 있는 열쇠를 쥐고 있다. 즉 기도를 하고 하느님께 그들의 구원을 청하면 그들은 천국에 들어가게 되는 것이다.

  "내가 진실로 진실로 너희에게 말한다. 너희가 내 이름으로 아버지께 청하는 것은 무엇이든지 그분께서 너희에게 주실 것이다."(요한 16,23)

  트리엔트 공의회는 선언했다.

  "연옥은 존재한다. 이 연옥에 있는 영혼들은 산 이의 기도와 특히 미사 성제로써 도움을 받는다."

  우리가 가지고 있는 권리는 위대한 것이다. 우리는 하느님의 명령을 따르는 소방관이다. 현세의 불에는 도저히 비길 것이 못 되는 연옥 불을 어떤 영혼을 위하여 아주 꺼 주거나 혹은 누그러뜨릴 수 있는 소방관이다.

  국왕이 대사를 베풀어 죄인이 받을 벌을 사해 주는 것은 감탄할 만한 권력이다. 그러나 우리도 우리 자신이 원하기만 하면 연옥의 감옥에서 몇 사람이건 영혼을 자유롭게 해 주고 천국으로 들여보내 줄 수 있는 것이다.

《연옥 실화》
막심 뛰상 지음, 한국순교복자수녀회 옮김

기도는 죽은 이를 천국으로 이끄는 사랑의 열쇠입니다.
주님께 연옥 영혼들의 구원을 간구해 봅시다.

년   월   일

 096

사랑의 근원

하느님은 아가페이시고 불멸하시며, 당신을 믿고 또 당신께서 보내신 분을 믿는 이들에게 영원한 생명을 약속하십니다. 그러므로 오직 주 하느님만이 사랑의 대상이 되어야 마땅합니다. 하느님 아버지와 그분으로부터 오신 아드님이 바로 사랑이시며, 그분은 오직 우리가 사랑으로 그분과 결합되는 것을 원하십니다.

또 그 사랑은, 착한 사마리아 사람의 비유에서 볼 수 있듯이 모든 사람을 자기 이웃으로 여기게 합니다. 강도를 만난 사람에게 이웃이 되어 준 사람은 "그에게 자비를 베푼 사람"(루카 10,37)이지요. 여기에서 오리게네스는, "본성상 우리는 모두 서로의 이웃입니다. 그러나 사랑의 행위를 통하여, 다른 사람을 도울 수 있는 사람은 그런 힘이 없는 사람의 이웃이 됩니다."라고 말합니다.

결국 사랑은 언제나 하느님으로부터 옵니다. 사랑은 언제나 사랑의 근원이신 하느님을 향하고, 또한 불멸에 참여하도록 창조된 이웃을 향합니다.

《사랑에 취하여라》
안소근 지음

 참된 사랑은 하느님과의 결합 안에서 완성되며, 이웃에게로 향하게 됩니다. 나는 하느님으로부터 비롯된 사랑을 이웃과 어떻게 나누고 있나요?

년   월   일

096

천상의 사랑

　오리게네스는 육적인 사랑과 영적인 사랑을 말합니다. 그의 설명에 따르면 육적인 사랑은 시인들이 그리스어로 '에로스'라고 부르는 것으로서, 그런 사랑을 하는 사람은 육 안에 씨를 뿌립니다. 그러나 내적 인간이 하는 사랑은 영적인 사랑이고, 내적 인간은 이 사랑으로 영 안에 씨를 뿌립니다.
　그런데 바오로 사도는 "우리가 흙으로 된 그 사람의 모습을 지녔듯이, 하늘에 속한 그분의 모습도 지니게 될 것입니다."(1코린 15,49)라고 말합니다.
　영혼은, 외적 인간에 따라 흙으로 된 사람의 모습을 지니고 있으면 지상적인 갈망에 의하여 움직여지게 되고, 내적 인간에 따라 하늘에 속한 분의 모습을 지니고 있으면 그분을 향한 천상적인 갈망과 사랑으로 움직여지게 됩니다. 하느님 말씀의 아름다움을 바라보고 그분의 모습을 사랑하게 되고 그분으로부터 사랑의 상처를 입게 되면, 영혼이 천상적 사랑을 하게 되는 것입니다.

《사랑에 취하여라》
안소근 지음

영적인 사랑은 하느님의 아름다움을 바라보고 그분을 사랑할 때 시작됩니다.
지금 내 안에 있는 사랑은 어떤 모습인가요?

년   월   일

097

오직 하나

모든 그리스도인들은 하느님의 사랑 안에 묶여 있고 또 서로에 대한 사랑으로 묶여 있습니다. 그래서 구세주께서는 이렇게 기도합니다. "아버지께서 저에게 주신 영광을 저도 그들에게 주었습니다. 우리가 하나인 것처럼 그들도 하나가 되게 하려는 것입니다."(요한 17,22)

이 사랑이 참이라면 지체들이 서로를 배려하고 서로 관심으로 관여하여 그 모습이 드러나기 마련입니다. 그래서 바오로 사도는 우리에게 이렇게 말합니다.

"그분 덕분에, 영양을 공급하는 각각의 관절로 온몸이 잘 결합되고 연결됩니다. 또한 각 기관이 알맞게 기능을 하여 온몸이 자라나게 됩니다. 그리하여 사랑으로 성장하는 것입니다."(에페 4,16)

그러니 저마다 하느님께서 주신 은총으로 이웃을 섬겨야 하며, 교회를 업신여기거나 교회에서 갈라지거나 벗어나는 일을 두고 보아서는 안 됩니다. 노아의 방주 밖에서 구원받을 수 있는 사람이 아무도 없었던 것처럼 사람들이 영원한 생명을 얻을 수 있는 교회는 오직 하나뿐입니다.

《토마스 아퀴나스의 가톨릭 교리서》
토마스 아퀴나스 지음, 정종휴 옮김

모든 그리스도인은 하느님의 사랑 안에서 하나로 묶여 있습니다.
내가 교회 안에서 할 수 있는 일은 무엇일까요?

년   월   일

하느님을 따라 살기

아이가 부모를 따라 하듯 우리도 그분께서 하시는 대로 따라 해야 합니다. "너는 나를 아버지라 하고 나를 따르리라." 하느님을 따라 하는 데에는 세 가지를 기억해야 합니다.

첫째, 하느님을 향한 사랑입니다. 이 사랑은 내적인 것, 마음에서 우러나는 사랑이어야 합니다.

"하느님을 본받는 사람이 되십시오. 그리스도께서 우리를 사랑하시고 또 우리를 위하여 당신 자신을 하느님께 바치는 향기로운 예물과 제물로 내놓으신 것처럼, 여러분도 사랑 안에서 살아가십시오."(에페 5,1-2)

둘째, 자비 베풀기입니다. 자비는 사랑과 맞물립니다. "너희도 자비로운 사람이 되어라."(루카 6,36) 자비는 행동으로 분명하게 드러나야 합니다.

셋째, 완전해지기입니다. 사랑과 연민은 완전해야 합니다.

"하늘의 너희 아버지께서 완전하신 것처럼 너희도 완전한 사람이 되어야 한다."(마태 5,48)

《토마스 아퀴나스의 가톨릭 교리서》
토마스 아퀴나스 지음, 정종휴 옮김

하느님을 따르는 삶은 사랑, 자비, 완전함에서 비롯됩니다.
그분의 모습을 본받기 위해 내가 오늘 실천할 수 있는 작은 일은 무엇인가요?

년   월   일

열린 바다를 향해

    진정한 형제애는 만남의 문화를 기반으로 합니다. 거리를 두기 위한 변명이나 무관심을 피하고 서로를 더 풍요롭게 하는 길로 변화시켜 서로를 존중하며 "열린 바다로 나아간다."라는 의미입니다.

    다른 이와의 만남과 대화의 바다를 향해 노를 젓는 일은 다른 문화에 동화되거나 다른 문화를 동화한다는 의미가 아닙니다. 진정한 형제애는 각각의 얼굴이 정체성을 잃지 않으면서 다른 얼굴과 서로 마주하는 다면체의 형태를 취합니다. 이로써 모든 이가 새롭고 풍요로운 형태와 모습을 전달할 수 있지요. 우리 문화와 사회를 위한 이러한 모델을 생각해 봅시다.

    형제애가 가장 짧은 지름길이라거나 가장 쉬운 길은 아닙니다. 하지만 형제애의 길은 먼 바다에서 항해할 때 한 인류인 우리를 위한 나침반이 됩니다. 이 나침반은 폭풍과 풍랑으로부터 우리를 구원할 것입니다.

《프란치스코 교황과 함께하는 희망의 기도》
프란치스코 교황 · 에르난 레예스 알카이데 지음, 이재협 옮김

형제애는 우리를 만남과 대화로 이끄는 희망의 배입니다.
진정한 형제애란 무엇을 의미할까요?

년   월   일

098

말 없는 사랑

    때로 성사를 집전할 때와 같이 관계에 격식을 갖출 필요도 있습니다. 하지만 이런 공식적인 상황에서도 저는 그 관계가 '형식적'이지 않도록 노력하며, 형식성과 자발성이 조화를 이루도록 노력합니다. 그리고 저만 말하려고 고집을 부리지 않습니다. 침묵 중에 머무르고 묵상하는 시간도 필요하죠.

    이와 관련해 어릴 적 읽은 성인전이 제게 참으로 큰 도움이 됐습니다. 성당에 앉아 많은 시간을 보낸 성인은 "어떻게 하느님과 대화를 하나요?"라는 사람들의 질문에 이렇게 답했죠. "글쎄요, 저도 잘 모르겠어요. 그저 하느님께서 저를 바라보시고, 저도 그분을 바라봅니다."

    때로 하느님과의 관계는 이와 같습니다. 성인은 하느님과의 대화에 말이 꼭 필요하지 않다는 사실을 가르쳐 주셨지요. 저는 아직 이 신비의 정점에 다다르지도, 가까이 다가서지도 못했습니다. 그래서 하느님을 향한 열정이 저를 지배하도록 매일 노력합니다.

《프란치스코 교황과 함께하는 희망의 기도》
프란치스코 교황 · 에르난 레예스 알카이데 지음, 이재협 옮김

하느님과의 깊은 관계는 그분의 사랑에 가만히 머무르는 데에서 시작됩니다.
하느님께 사랑받고 있다고 느끼는 순간이 언제인가요?

년   월   일

099 삶이 꽃으로 피어난다면

    생명은 항상 나누어야 합니다. 그래서 삶은 '관계를 맺는 것'입니다. 삶은 교환입니다. 삶과 기쁨은 서로 연결되어 있지요. 이런 의미에서 아리스토텔레스는 기쁨을 '가득 채워진 삶'의 또 다른 표현이라고 정의합니다.

    만일 당신이 진실하게 살아간다면 자연히 기쁨도 느끼게 될 것입니다. 따라서 살아가는 것에, 혹은 삶 자체에 기뻐해야 한다는 요청이 따로 필요 없다고 할 수 있습니다.

    만일 삶이 꽃으로 활짝 피어난다면 어떨까요? 혹은 삶이 결실을 맺고, 물처럼 자연스럽게 흘러갈 수도 있으며, 샘처럼 솟아날 수도 있지요.

    이처럼 삶은 이미 늘 기쁨으로 충만해 있습니다. 기쁨은 진실한 삶의 또 다른 표현입니다. 예수님께서는 요한 복음서에서 스스로 이 세상에 참된 생명을 주러 왔다고 말씀하십니다.

    "나는 양들이 생명을 얻고 또 얻어 넘치게 하려고 왔다."(요한 10,10)

《기쁨, 영혼의 빛》
안셀름 그륀 지음, 조규홍 옮김

진실하게 살아가는 이의 삶에는 기쁨이 자연스럽게 피어납니다.
주님께서 주신 생명을 어떤 모습으로 살아 내고 싶나요?

년   월   일

내 마음속의 황금

우리는 오로지 자신의 영혼 깊숙한 곳에서 황금을 찾을 수 있습니다. 그 보화는 당신의 영혼 깊숙한 곳에 감추어져 있습니다. 예수님께서 일찍이 땅에 묻힌 보물에 관해 가르치셨듯이 말이지요. 가끔 내 안에서 접하게 되는 쓰레기 더미 속을 기꺼이 뒤질 수 있다면, 예컨대 이기적인 욕심이나 아픔, 소극적 인 감정이나 쓸데없는 생각들, 스스로 쌓아 올린 콤플렉스를 헤집어 보겠다고 한다면 말입니다. 그렇다면 내면에 자리하는 그 모든 것에서 황금을 발견할 수 있을 것입니다.

용기를 가지십시오. 이웃과 주변 환경, 그 밖에 펼쳐지는 일상 안에서만 아니라, 삶을 흔든 모든 것을 가만히 살펴보십시오. 그러면 마침내 마음속에 감추어진 황금을 발견하게 될 것입니다.

당신은 내면에 감추어진 황금빛 광채를 알아볼 수 있습니다. 이미 하느님의 생명을 나누어 받았기 때문이지요.

《기쁨, 영혼의 빛》
안셀름 그륀 지음, 조규홍 옮김

하느님께서는 우리의 내면 깊은 곳에 빛나는 보화를 감추어 두셨습니다.
나의 내면에서 찾을 수 있는 것들은 무엇인지 묵상해 봅시다.

년   월   일

주님의 빛

주여, 당신 자비가 하늘까지 이르고, 진실하심이 구름까지 닿나이다
주여, 당신 정의는 가장 높은 산과 같고,
당신의 재량은 깊은 바다 같사오니
사람과 짐승을 돌보시나이다
주여, 당신 은총이 어이 이리 귀하신지
인간의 자손들이 당신 날개 그늘로 숨어드나이다
당신 집 기름기로 그들은 흐뭇하며, 당신 진미의 강물을 마시우시나니
생명의 샘이 진정 당신께 있고,
우리는 당신 빛으로 빛을 보옵나이다
당신을 섬기는 이에게 줄곧 은총 내리시고
마음이 곧은 이에게 줄곧 정의를 내리소서

《시편과 아가》 시편 36,6-11
최민순 옮김

하느님께서는 모든 피조물을 품으시어 은총과 빛으로 이끄십니다.
하느님의 자비와 정의는 나에게 어떤 힘이 되나요?

년   월   일

야훼는 나의 목자

야훼는 나의 목자,
아쉬울 것 없노라.
파아란 풀밭에 이 몸 누여 주시고,
고이 쉬라 물터로 나를 끌어 주시니
내 영혼 싱싱하게 생기 돋아라.
주께서 당신 이름 그 영광을 위하여,
곧은 살 지름길로 날 인도하셨어라.
죽음의 그늘진 골짜기를 간다 해도
당신 함께 계시오니, 무서울 것 없나이다.
당신의 막대와 그 지팡이에,
시름은 가시어서 든든하외다.

《시편과 아가》 시편 23,1-4
최민순 옮김

주님 곁에서라면 아쉬움도, 두려움도 없습니다.
고단한 하루 속, 주님께서는 나에게 어떤 위로를 주고 계시나요?

년   월   일

되돌아보기

1. 내 생각에 변화를 일으킨 책과 가장 인상 깊었던 문장은 무엇인가요?
   _____
   _____
   _____

2. 하느님께서는 세상을 어떻게 바라보고 계신가요?
   _____
   _____
   _____

3. 일상에서 더 자주 기도하기 위해 무엇이 필요할까요?
   _____
   _____
   _____

4. 세상 속에서 사랑을 실천하기 위해 어떤 노력을 하고 있나요?
   _____
   _____
   _____

5. 이 장을 마치며 얻은 깨달음과 변화를 정리해 보세요.
   _____
   _____
   _____